中国共产党历次代表大会史丛书

第一辑

中共十一大史

傅 颐 著

中共党史出版社

图书在版编目（CIP）数据

中共十一大史 / 傅颐著 . -- 北京：中共党史出版社，2024.1

（中国共产党历次代表大会史丛书 . 第一辑）

ISBN 978-7-5098-6462-3

Ⅰ. ①中… Ⅱ. ①傅… Ⅲ. ①中共十一大（1977）– 史料 Ⅳ. ①D220

中国国家版本馆 CIP 数据核字（2023）第 247974 号

书　　名：中共十一大史
作　　者：傅颐

出版发行：中共党史出版社
责任编辑：李亚平
责任校对：申宁
责任印制：段文超
社　　址：北京市海淀区芙蓉里南街 6 号院 1 号楼　**邮编：**100080
网　　址：www.dscbs.com
经　　销：新华书店
印　　刷：北京盛通印刷股份有限公司
开　　本：680mm × 960mm　1/16
字　　数：144 千字
印　　张：10.25
版　　次：2024 年 1 月第 1 版
印　　次：2024 年 1 月第 1 次印刷
书　　号：ISBN 978-7-5098-6462-3
定　　价：30.00 元

此书如有印装质量问题，请联系中共党史出版社读者服务部　电话：010-83072535

中共十一大会场

目 录

CONTENTS

第一章　在徘徊中前进的局面

由于中国共产党全国代表大会本身所具有的特殊地位和重要职能，它们常常被一代代人反复地研究，得出更为丰富的结论。这里除了有新史料的发现外，还由于各个时代的人在不同的历史条件下，有了不同的视角和理论高度，有了不同的现实需要，从而对历史产生新的感悟。在中国共产党领导全国人民进行社会主义革命和建设的29年间，一共召开了4次全国代表大会，即党的八大、九大、十大、十一大。这4次全国代表大会的历史，反映了党对中国自己的社会主义建设道路的艰辛探索。倘若把党的十一大放在党史的长河中去考察，可以更为真切地看出中国共产党在徘徊前进的过程中，是怎样不断突破思想和理论的局限，最终在实践中一步步走向了改革开放。

1977年8月12日至18日，中国共产党第十一次全国代表大会在北京举行。按照党章规定的五年期限，这次大会是提前一年召开的。这时，距“四人帮”被粉碎、“文化大革命”结束还不到一年的时间。党中央正肩负着领导揭批“四人帮”斗争，开始进行拨乱反正，重建党和国家政治生活的正常秩序，恢复和发展遭到严重破坏的国民经济的艰巨任务。党的十一大就是在国家建设百业待兴的特殊而复杂的历史背景下召开的。

一、从党的十大到粉碎“四人帮”

1973年8月，当“文化大革命”进行到第七个年头的时候，党的十大召开了。十大提前一年召开的主要原因，是1971年9月发生了林彪反革命集团阴谋夺取最高权力、策动武装政变的事件。林彪事件的发生，是“文化大革命”推翻党的一系列基本原则的结果，客观上宣告了“文化大革命”的理论和实践的失败。在毛泽东、周恩来的领导下，这次政变被粉碎了。但由于当时在思想理论认识上的局限性，以及受阶级斗争扩大化的指导思想的影响，党的十大没有能够正确分析林彪事件发生的原因，从中吸取更深刻的教训，反而继续九大的“左”倾错误，坚持九大提出的“无产阶级专政下继续革命的理论”，对“文化大革命”再次作了充分肯定。

在党的十大上，邓小平、王稼祥、谭震林、乌兰夫、李井泉、廖承志等一批在“文化大革命”初期遭受迫害、打击的老干部被选进了中央委员会。在十届一中全会的选举中，毛泽东当选为中央委员会主席，周恩来、王洪文、康生、叶剑英、李德生为中央委员会副主席。中央政治局委员有（按姓氏笔画为序）：毛泽东、王洪文、韦国清、叶剑英、刘伯承、江青、朱德、许世友、华国锋、纪登奎、吴德、汪东兴、陈永贵、陈锡联、李先念、李德生、张春桥、周恩来、姚文元、康生、董必武。中央政治局候补委员有（按姓氏笔画为序）：吴桂贤、苏振华、倪志福、赛福鼎。中央政治局常委除中央委员会主席、副主席外，还有朱德、张春桥、董必武。

党的十大以后，中国社会处于矛盾交织的状态。一方面，江青集团重要成员都进入中央政治局，王洪文、张春桥、江青、姚文元在中央政治局内结成“四人帮”，他们的势力得到加强，篡夺党和国家领导权的野心进一步膨胀。“四人帮”利用毛泽东晚年的错误，进行了大量祸国殃民的罪恶活动，在他们的干扰破坏下，全国各方面的工作陷入严重混乱状态。另一方面，由于林彪事件的发生，又促使许多干部和党员对“文化大革命”的理论和实践进行反思，政治觉悟不断提高，对“四人帮”和“左”倾错误的抵制和抗争也在不断增强。从 1975 年 1 月四届全国人大一次会议的召开和“四人帮”组阁遭到失败，到 1975 年在毛泽东支持下邓小平主持党中央、国务院日常工作并进行大刀阔斧的全面整顿，再到 1976 年 4 月间全国范围的以天安门事件为代表的悼念周恩来、反对“四人帮”的强大抗议运动，就是这种抵制和抗争的真实反映，鲜明地表现出人心的向背。

党的第十次全国代表大会代表步入会场。

尽管全面整顿因“批邓、反击右倾翻案风”被迫中断，天安门事件被定性为“反革命事件”，但它们为后来粉碎“四人帮”奠定了政治基础和群众基础。

1976年1月8日周恩来逝世后，经毛泽东提议、中央政治局通过，华国锋任国务院代总理，主持中央日常工作。4月，根据毛泽东提议，中央政治局通过，华国锋任中共中央第一副主席、国务院总理。同年7月6日，党和国家的重要领导人朱德逝世。9月9日，党和国家的主要领导人毛泽东逝世。在短短九个月的时间里，三位党和国家领导人相继逝世，全党全军和全国人民既沉浸在巨大的悲痛之中，又为党和国家的前途命运担心忧虑。在毛泽东逝世前后，江青反革命集团加紧了篡夺党和国家最高领导权的阴谋活动。中国向何处去的问题摆在党和人民面前。

在历史发展的重要关头，华国锋同“四人帮”篡党夺权的阴谋活动进行了坚决斗争，提出要解决“四人帮”的问题，清除党和国家肌体的这个痈疽。他毅然表示：“历史把我推到这个位置，我必须不计个人安危，勇敢担当起来”[①]。华国锋关于解决“四人帮”问题的提议得到叶剑英、李先念等中央领导同志的赞同和支持。1976年10月6日，华国锋和叶剑英等代表中央政治局，执行党和人民的意志，采取断然措施，对王洪文、张春桥、江青、姚文元及其在北京的帮派骨干实行隔离审查，一举粉碎“四人帮”，结束了“文化大革命”这场灾难。在这场关系党和国家命运的斗争中，华国锋起了决定性作用，叶剑英、李先念、汪东兴等起了重要作用。

10月6日晚至7日晨，中共中央在玉泉山召开政治局紧急会议，在京的中央政治局成员出席，商讨粉碎“四人帮”后党和国家的重大问题。会议通报了对“四人帮”及其在北京的帮派骨干进行隔离审查的情况，一致通过华国锋任中国共产党中央委员会主席、中国共产党中央军事委员会主席（待党的十届三中全会予以追认）的决议；通过向全党、全军和全国人

① 王沪宁：《在纪念华国锋同志诞辰100周年座谈会上的讲话》（2021年2月20日），《人民日报》2021年2月21日。

民通报党中央对“四人帮”隔离审查的决定。随后，中央政治局于10月7日至14日在北京分批召开中央党、政、军机关，各省、市、自治区、各大军区负责人参加的打招呼会议，通报“四人帮”反党集团事件。

在10月6日晚的中央政治局会议和随后的打招呼会议上，党中央还对“四人帮”在上海余党发动武装叛乱的图谋采取了果断措施。叶剑英在中央政治局会议上指出：上海是个重要的工业城市，“四人帮”企图把上海变成他们的根据地，但上海的绝大多数干部和工人群众是好的。上海在历史上是一个具有革命传统的城市。上海的工人，上海的人民，觉悟是高的。希望上海的同志通过这次清除“四人帮”以后，把上海的事情办好，把上海的革命搞好，把上海的生产、工作、战备促上去①。10月12日，中央政治局会议决定撤销张春桥、姚文元、王洪文在上海市的党内外一切职务，派苏振华、倪志福、彭冲率中央工作组赴上海，改组上海市的领导班子。中央政治局会议提出：中央工作组“既要解决问题，又要稳定局势”；到上海后，主要是抓好揭批“四人帮”的斗争，千万不要钻到具体业务堆里去，同时也要注意“生产不能受影响，要控制住局面”②。在党中央坚强有力的领导下，“四人帮”在上海的残余势力很快被摧毁，社会秩序和生产秩序恢复正常。

10月18日，中共中央将《关于王洪文、张春桥、江青、姚文元反党集团事件的通知》下发至县团级党组织。《通知》通报了“四人帮”篡党夺权的阴谋和严重罪行，通报了毛泽东1974年2月以来对他们的批评，号召全党紧密团结起来，开展揭发批判“四人帮”的斗争。《通知》强调：在斗争中要注意政策，要坚定地相信群众的大多数；要惩前毖后、治病救人，要扩大教育面，缩小打击面；反对“四人帮”的斗争要在党委领导下进行，要采取有力措施消除派性。

粉碎“四人帮”的消息公布后，举国欢腾。各地纷纷举行声势浩大

① 叶剑英：《粉碎“四人帮”的伟大胜利》（1977年10月7日），《叶剑英选集》，人民出版社1996年版，第447页。

② 参见《陈锦华文集》上册，中国石化出版社2013年版，第95页。

的游行和集会，“八亿神州举金杯”，热烈庆祝十月的胜利。粉碎“四人帮”，挽救了党，挽救了国家，挽救了中国社会主义事业，推动党和国家事业翻开了新的一页。

二、粉碎“四人帮”后的形势和揭批“四人帮”运动的开展

“文化大革命”十年内乱，给党和人民以及社会主义事业带来严重灾难，积累下许多严重的政治问题和社会问题。粉碎“四人帮”后，党面临的形势是非常严峻紧迫的。

从政治形势看，由于“四人帮”在党内经营多年，其帮派势力在一些地方仍盘根错节，一部分地区的动乱尚未停止；遭到严重破坏的党的组织和政权机构亟待恢复；“文化大革命”中冤案堆积如山，受到迫害、打击的党和国家的大批领导干部迫切要求平反昭雪；由于“左”倾思想的长期影响，马克思主义基本原理被践踏，毛泽东思想被歪曲、割裂、篡改和伪造，许多错误的、甚至荒谬的理论甚嚣尘上，造成人们思想认识的极大混乱；党的各方面的正确政策，特别是干部政策、知识分子政策亟需恢复和落实。稳定全国形势和各条战线拨乱反正的工作，任重道远。

从经济形势看，由于十年“文化大革命”运动的冲击和影响，我国国民经济和各项事业损失严重，“文化断层”“科技断层”“教育断层”和“人才断层”十分突出，发展落后于时代，人民生活水平提高缓慢。粉碎“四人帮”后，广大干部群众迸发出前所未有的热情，强烈要求彻底纠正“文化大革命”的错误，挽回过去被贻误的建设时光，迅速恢复、发展国民经济和各项建设事业，使党和国家在危难中奋起。如何顺应人民的呼声，大力发展生产力，完成毛泽东时代提出的在20世纪内实现“四个现代化”的历史重任，是党所必须面对和解决的重大课题。

从外部环境看，20世纪六七十年代是世界科技、经济蓬勃发展的时期。在新科技革命的推动下，发达资本主义国家、东欧社会主义国家以及我国周边的许多国家和地区都在调整产业结构，实施加快发展战略。特别

1976年10月24日，首都百万军民在天安门广场隆重集会，庆祝粉碎“四人帮”的伟大胜利。

是新加坡、香港、台湾、韩国等国家和地区（后被称为亚洲“四小龙”）的崛起，使得中国领导人和许多有识之士产生了强烈危机感，感受到了前所未有的发展压力。

粉碎“四人帮”后，面对错综复杂的形势，党中央首先部署并领导了全国规模的揭批“四人帮”的斗争，进行了大量的工作。

一、采取坚决有力的措施，抓住重点地区的主要问题，稳定全国局势。

在解决上海“四人帮”余党问题后不久，党中央即着手处理河北保定地区武斗不止的“老大难”问题。1976年11月7日，中共河北省委向中共中央作出《关于解决保定问题的请示报告》。《请示报告》提出，彻底揭发批判江青反革命集团破坏保定地区革命和生产的罪行；请河北驻军派出部队广泛深入地宣传贯彻《中共中央、国务院、中央军委布告》，收缴武器，解散武斗班子，撤出武斗据点；对反革命分子和打砸抢分子坚决实行镇压，对武斗头头集中办学习班，对首恶分子实行逮捕；省委在北京举办保定地、县委负责干部及军分区、人武干部学习班，解决领导班子问题。《请示报告》并建议成立河北省解决保定问题领导小组。11月9日，中央政治局会议讨论并同意河北省委的《请示报告》，批准成立由秦基伟、刘子厚等8人组成的河北省解决保定问题领导小组①。同日，中共中央、国务院、中央军委联合发出布告，要求各派革命群众组织立即无条件停止武斗，解散各种形式的武装组织，上缴一切武器、弹药、装备等。根据中共中央和中央军委的指示，人民解放军驻保定五一〇三四部队于11月16日出动20个团的兵力，在保定23个县、市的城镇和农村广泛宣传《布告》，同时采取果断措施制止武斗。在半个月的时间里，共收缴枪支一万余支，解散所有的武斗组织，拆除全部的武斗据点，恢复了保定地区的正常秩序。人民群众纷纷拍手称快。

除保定地区外，党中央对其他处于动乱的地区派出工作组，加强领导，平息武斗。通过以点带面的工作，逐步推动全国形势的好转。到1977年上半

---

① 中共河北省委党史研究室著:《中国共产党河北历史》第二卷（1949—1978），中共党史出版社2009年版，第629—630页。

年，派性造成的武斗和动乱基本被制止，正常的生产和社会秩序得到恢复。

二、进行揭批“四人帮”的“三大战役”，开展全国范围的群众运动。

在对“四人帮”进行隔离审查后，中共中央于1976年10月20日发出通知，决定成立王洪文、张春桥、江青、姚文元专案组，彻底清查他们的反党罪行。专案组由华国锋和在京的中央政治局委员组成。专案组下设办公室，由汪东兴、李鑫负责，办公室成员有于桑、严佑民、武健华、周启才、任子超、王志民。紧接着，中央于11月召开全国宣传工作座谈会，部署揭批“四人帮”的斗争。会议提出，要揭发批判“四人帮”的罪行，把他们的一切谬论收集起来，一个一个地批深批透。12月5日，中央发出通知：“凡纯属反对‘四人帮’的人，已拘捕的，应予释放；已立案的，应予销案；正在审查的，解除审查；已判刑的，取消刑期予以释放；给予党籍团籍处分的，应予撤销。”12月10日，中央将《王洪文、张春桥、江青、姚文元反党集团罪证（材料之一）》批转全党，系统公布了“四人帮”篡党夺权的阴谋和罪行。

12月25日，华国锋在第二次全国农业学大寨会议上发表讲话，提出要经过三个战役，开展揭批“四人帮”的斗争，即集中揭发批判“四人帮”篡党夺权的阴谋，揭发批判“四人帮”的反革命面目和罪恶历史，揭发批判“四人帮”反革命的修正主义路线的极右实质及其在各方面的表现，还要从哲学、政治经济学、科学社会主义理论上进行批判。通过揭发和批判，彻底肃清“四人帮”在全国各条战线的流毒和影响。按照这个部署，中央于1977年3月、9月相继下发“四人帮”罪证材料之二《“四人帮”的反革命面目及其罪恶历史》和“四人帮”罪证材料之三《“四人帮”在各个领域散布的反动谬论》。在中央的领导下，揭批“四人帮”的群众运动在全国普遍展开，形成高潮。许多地区和部门在揭批“四人帮”的斗争中，进一步批判了林彪反革命集团的罪行。

三、调整党政军领导班子，清查与“四人帮”有关的人与事。

为了肃清派性影响，营造团结安定的政治局面，从1977年1月起，中央先后对受“四人帮”影响较深、问题较多的云南、辽宁、甘肃、安徽等省和郑州、兰州铁路局等部门的领导班子进行改组。

1977年1月18日至2月3日，中共中央政治局在北京主持召开中共中央解决云南问题的会议，集中讨论1975年以后一年多时间里云南的重大是非问题。中共云南省委，昆明军区、省军区和驻云南部队的主要负责人出席。会议期间，中央对云南省委领导班子进行调整，由安平生任云南省委第一书记、省革委会主任、昆明军区第一政治委员和党委第一书记；陈丕显、张铚秀任省委副书记、省革委会副主任，张海棠任省委常委、省革委会副主任①。

辽宁省是"文化大革命"中的重灾区。鉴于辽宁问题的严重性和复杂性，党中央从1977年2月下旬就解决辽宁问题作出指示，并对辽宁省委的领导班子进行调整，先后派任仲夷、陈璞如等到辽宁担任主要领导工作，任仲夷任省委第二书记，陈璞如任省委书记。按照中央的指示和要求，辽宁省委于2月27日至3月7日召开常委扩大会议，省委第一书记曾绍山代表省委常委对省委所犯的错误作了检查，会议对"四人帮"及其帮派骨干进行了揭发批判②。

在粉碎"四人帮"后的一段时间里，甘肃省的揭批运动进展缓慢，各项工作没有打开局面，特别是兰州铁路局的揭批斗争遇到很大阻力。由于路局党委中有的人捂盖子，对与"四人帮"有牵连的人和事不认真追查，听之任之，致使铁路生产形势在1976年底出现恶化。1977年1月，党中央派出帮助兰州铁路局工作的领导小组进驻兰州，同时组织为期10天的突击战役，打通了全局线路。揭批"四人帮"运动在兰州铁路系统初步打开了局面。为了进一步解决甘肃问题，6月7日至9日，华国锋、叶剑英和中央其他领导同志听取中共甘肃省委、兰州军区党委主要负责人关于甘肃省揭批"四人帮"运动情况的汇报。6月13日，中央作出指示，指出：甘肃

---

① 中共云南省委党史研究室著：《中国共产党云南历史》第二卷（1950—1978），云南出版集团、云南人民出版社2018年版，第546页。

② 中共沈阳市委党史研究室著：《中国共产党沈阳历史》第二卷（1949—1978），中共党史出版社2013年版，第465页；高峰主编：《中共辽宁党史大事记》（1949.10—1989.12），辽宁人民出版社1995年版，第392页。

省揭批“四人帮”的运动取得一定的成绩。但是，总的来说，运动的发展同中央的要求还有很大距离。甘肃省至今还没有放手发动群众，紧密联系本省实际，深入揭批“四人帮”，清查工作做得也很不认真，运动还有很大阻力，广大群众的革命积极性受到压抑。问题的根子在省委，主要在省委的主要领导同志。这种情况如不迅速扭转，对甘肃的工作是不利的。中央作出调整省委领导班子的决定，任命宋平为甘肃省委第一书记、省革委会主任、甘肃省军区第一政委、兰州军区第二政委；任命肖华为兰州军区第一政委、甘肃省委书记处书记①。

安徽省在揭批“四人帮”过程中，由于当时省委主要负责人坚持错误立场，认为“安徽特殊”“局势稳定”“一贯正确”，捂盖子、压群众，致使揭批运动难以深入下去。1977 年 6 月 16 日至 20 日，中央领导同志多次听取安徽省委和省军区主要负责人关于揭批“四人帮”运动的情况汇报。6 月 20 日，中央政治局召开会议，指出：安徽省揭批“四人帮”运动取得了一定成绩，但由于省委主要负责人不放手发动群众揭批“四人帮”，致使他们的革命积极性受到压抑。必须清醒地认识到，“四人帮”对安徽是插了手的，他们对安徽革命和生产的干扰、破坏，同样是严重的。那种所谓安徽“特殊”的论点，是非常错误的，是极其有害的。中央决定，由万里任安徽省委第一书记、省革委会主任、安徽省军区第一政委，并派顾卓新、赵守一参加省委的领导。随后，省委对全省 16 个地、市的领导班子进行初步调整和充实。省直局以上 77 个单位，调整一把手的有 55 个。全省 73 个县（市），调整一把手的有 24 个②。

河南省揭批“四人帮”运动主要围绕三个方面来进行。一是揭批“四人帮”帮派分子进行打砸抢活动，搞乱各级党委，妄图乱中夺权的罪行；二是揭批帮派体系在一些单位和部门突击提拔干部、突击发展党员，进

① 中共甘肃省委党史研究室著：《中国共产党甘肃历史》第二卷（1949—1978），中共党史出版社 2014 年版，第 632 页。

② 中共安徽省委党史研究室著：《中国共产党安徽历史》第二卷（1949—1978），中共党史出版社 2014 年版，第 478—479、481 页。

行篡党夺权的阴谋活动；三是揭批帮派分子搞垮生产、搞垮交通运输的罪行。在揭批斗争中，唐岐山等人的问题首先被揭发出来。唐岐山是第九届、第十届中央委员，中共河南省委第三届委员会委员、常委，郑州铁路局党委书记。他在“文化大革命”中积极追随“四人帮”，大搞派性，顽固阻挠铁路整顿，给铁路运输生产带来巨大损失。1976 年 11 月 19 日，河南省委召开机关党员干部大会，揭发批判唐岐山等人的罪行。1977 年唐岐山被停职审查，1978 年被开除党籍，撤销党内外一切职务，后被判处无期徒刑。为了深入清查同“四人帮”有牵连的人和事，河南省委还在 1977 年 2 月成立揭批“四人帮”清查小组。据 1977 年 3 月的统计，在半年时间里，全省依法拘捕 262 人，隔离审查 171 人，接受群众批判 262 人①。

除上述省份外，党中央还相继调整和加强了许多省、市、自治区党委的领导班子，对一些党政军重要领导机构及主要负责人作了调整。1976 年 10 月 8 日，党中央成立中央宣传口领导小组，作为协助中央管理全国宣传的工作机构。1977 年 3 月 3 日，中央政治局决定由胡耀邦担任中央党校副校长，主持党校日常工作。

1977 年 3 月 7 日，中央发出通知，宣布由叶剑英重新主持中央军委的日常工作。3 月 24 日，中央军委召开座谈会，叶剑英在讲话中明确提出，要用马列主义、毛泽东思想，把“四人帮”颠倒了的路线是非纠正过来，必须澄清应该不应该坚持党对军队的绝对领导、应该不应该继承和发扬我党我军的优良传统、应该不应该整顿军队、应该不应该严格遵守革命纪律和规章制度、应该不应该强调军队要整顿、应该不应该严格遵守革命纪律和规章制度等十个“应该不应该”的问题。随后，全军普遍开展了十个“应该不应该”的教育。《解放军报》组织撰写了 10 篇文章，在当时最迫切需要同林彪、“四人帮”划清界限的 10 个问题上，进一步批判了“四人帮”多年来对军队建设的干扰破坏。

---

① 中共河南省委党史研究室著：《中国共产党河南历史》第二卷（1949—1978），中共党史出版社 2014 年版，第 619—620 页。

上述举措，稳定了全国局势，推动了揭批“四人帮”斗争的开展，为以后党的十一大的召开起到了组织保证作用。

三、“两个凡是”的提出和对这一方针的抵制

“四人帮”在“文化大革命”中把“左”的错误推向极端，犯下了罄竹难书的罪行。党中央发出揭批“四人帮”的号召后，获得广大人民群众的热烈拥护和支持，揭批斗争很快形成全国规模的群众运动。

揭批斗争的不断深入，必然发展到对各领域进行拨乱反正，特别是党的指导思想上进行拨乱反正的更深层面。拨乱反正，既要拨“四人帮”破坏之乱，平反冤假错案，落实各方面的政策，调整社会各方面的关系，同时又要清理“四人帮”在“文化大革命”期间推行的那一套“左”倾的错误理论，恢复马克思主义基本原理和毛泽东思想的本来面目，澄清党的指导思想上的是非，冲破“左”的思想束缚，排除右的错误干扰，把党和国家事业推向前进。这是一项极为艰巨复杂的重任。

在部署和领导揭批“四人帮”的过程中，党中央首先强调坚持毛泽东思想的旗帜。这既有稳定局势、防止“非毛化”的政治考虑，也有重新开展马克思主义基本理论工作的筹划和努力。从粉碎“四人帮”后不久党中央作出的几项决定就可以看得出来。

1976 年 10 月 8 日，党中央决定在首都北京建立毛主席纪念堂，在纪念堂建成以后，将安放毛主席遗体的水晶棺移入堂内，让广大人民群众瞻仰遗容；同时决定尽快出版《毛泽东选集》第五卷，筹备出版《毛泽东全集》，这项工作由中央政治局直接领导。12 月 26 日，在毛泽东诞辰 83 周年之际，《人民日报》公开发表毛泽东 1956 年 4 月 25 日在中共中央政治局扩大会议上的重要讲话《论十大关系》。这篇讲话在 1975 年经国务院政治研究室重新整理，由毛泽东审阅定稿，后来收入《毛泽东选集》第五卷。毛泽东在文中提出一个基本方针：“我们一定要努力把党内党外、国内国外的一切积极的因素，直接的、间接的积极因素，全部调动起来，把我国建设成为一个强大的社会主义国家。”这篇

文章的公开发表，既为揭批“四人帮”提供了理论指导，也为全国人民投身四个现代化建设起到了动员作用。1977 年 1 月 23 日，中央在转发《关于中央宣传口的工作任务和组织机构的请示报告》中提出：中央宣传口的任务是要大力宣传马列主义、毛泽东思想，深入揭发批判“四人帮”，肃清他们在政治上、思想上和组织上造成的流毒和影响。

由于林彪、“四人帮”在很大程度上是利用毛泽东发动“文化大革命”的错误来进行他们的罪恶活动的，因此，在坚持毛泽东思想旗帜、深入揭批“四人帮”的同时，如何评价“文化大革命”的理论和实践，彻底清除“文化大革命”和它以前的错误；如何纠正毛泽东晚年所犯的错误，又维护毛泽东的历史地位，坚持毛泽东思想作为党的指导思想，对党和国家来说，这是无法回避而又亟待解决的事关全局的重大问题。主要由于林彪、“四人帮”两个反革命集团的兴风作浪，以及党内长期存在的“左”的错误，党对全面清理“左”倾错误的思想准备和理论准备还不够，上述这些重大问题没有得到很好的解决。在当时，坚持毛泽东思想旗帜，又是和总体上肯定“文化大革命”直接联系在一起的。

1976 年 10 月 8 日，中央主要领导人在打招呼会议上的讲话中提出：揭批“四人帮”斗争要注意政策，这一次是解决“四人帮”问题，批“四人帮”一定要按照毛主席的指示办。对“文化大革命”要肯定，现在我们着重解决有所不足。这次解决“四人帮”问题，不要算他们在“文化大革命”中的老账，搞“四人帮”，不是因为他们一伙在“文化大革命”中的缺点、错误，他们的核心问题是阴谋篡党夺权。解决“四人帮”本身，是“文化大革命”的胜利①。10 月下旬，在谈到报刊上开展揭批“四人帮”的问题时又提出：要注意把“四人帮”的罪行与毛主席的指示区分开，凡是毛主席所说的话、所作的指示，不要去批。

1977 年 2 月 7 日，《人民日报》、《红旗》杂志、《解放军报》联合发表题为《学好文件抓住纲》的社论。社论提出：毛主席的旗帜，就是胜利的

① 参见黄一兵：《徘徊与觉醒——改革开放的酝酿和启动》，河北出版传媒集团、河北人民出版社 2017 年版，第 57—58 页。

旗帜。毛主席在世的时候，我们团结战斗在毛主席的伟大旗帜下。现在，毛主席逝世了，我们更要高高举起和坚决捍卫毛主席的伟大旗帜。这是我们八亿人民、三千多万党员的神圣职责，是我们继续团结战斗的政治基础，是我们进一步取得胜利的根本保证。让我们高举毛主席的伟大旗帜，更加自觉地贯彻执行毛主席的革命路线，“凡是毛主席作出的决策，我们都坚决维护，凡是毛主席的指示，我们都始终不渝地遵循”。

1977 年 4 月 15 日，《毛泽东选集》第五卷在全国出版发行。这部《选集》共收入毛泽东 1949 年 9 月至 1957 年在社会主义革命和社会主义建设时期发表的 70 篇著作、讲话（其中有 46 篇为首次公开发表），以《中国人民站起来了》（1949 年 9 月 21 日）为篇首，以《一切反动派都是纸老虎》（1957 年 11 月 18 日）结束，全书 32.5 万字。其中，既有阐述正确和比较正确的思想的重要文章，又有不少不符合事实、带有“左”的错误内容的文章。《选集》在编辑过程中，突出强调了“无产阶级专政下继续革命的理论”。《选集》在“出版说明”中说：“这个时期，毛泽东同志在理论上最伟大的贡献，就是系统总结了我国的和国际的无产阶级专政的历史经验，运用唯物辩证法的对立统一这个基本观点，分析了社会主义社会的矛盾、阶级和阶级斗争，从而揭示了社会主义社会的发展规律，创立了无产阶级专政下继续革命的伟大理论。”5 月 1 日，《人民日报》发表华国锋《把无产阶级专政下的继续革命进行到底——学习〈毛泽东选集〉第五卷》一文。文章提出：“贯穿在《毛泽东选集》第五卷的根本思想，就是坚持和发展马克思主义的不断革命的原理，在无产阶级夺得政权的时候，立即把民主革命转变为社会主义革命，在无产阶级专政下把社会主义革命继续进行下去。”这篇文章的主要内容后来被党的十一大政治报告所吸收。

“两个凡是”对毛泽东生前的决策和指示拒绝作任何分析，把毛泽东思想教条化，在理论上违背了马克思主义的基本原理和实事求是的思想路线。在肯定“文化大革命”实践和“无产阶级专政下继续革命”错误理论的前提下揭批“四人帮”，开展《毛泽东选集》第五卷的相关学习活动，这使得原先预想的重新开展马克思主义基本理论的工作，不可避免地延续了

“左”的错误。按照“两个凡是”和坚持“无产阶级专政下继续革命的理论”，是无法完成拨乱反正和正本清源的历史任务的，也是无法走出“文化大革命”造成的危局的。

“两个凡是”提出后，在党内和全国人民中引起了一些议论。人们在思考：到底应该用什么样的态度对待毛泽东思想，对待毛泽东的决策和指示？1977 年 2 月，尚未恢复工作的邓小平同前来看望的王震谈话，对“两个凡是”的提法提出异议，认为这不是马克思主义，不是毛泽东思想①。4 月 10 日，他经过反复考虑后致信华国锋、叶剑英并转中共中央，明确提出：“我们必须世世代代地用准确的完整的毛泽东思想来指导我们全党、全军和全国人民，把党和社会主义的事业，把国际共产主义运动的事业，胜利地推向前进”。5 月 24 日，邓小平在同两位中央同志谈话中指出：“两个凡是”不行。把毛泽东同志在这个问题上讲的移到另外的问题上，在这个地点讲的移到另外的地点，在这个时间讲的移到另外的时间，在这个条件下讲的移到另外的条件下，这样做，不行嘛！毛泽东同志自己多次说过，他有些话讲错了。他说，一个人只要做工作，没有不犯错误的。又说，马恩列斯都犯过错误，如果不犯错误，为什么他们的手稿常常改了又改呢？改了又改就是因为原来有些观点不完全正确，不那么完备、准确嘛。毛泽东同志说，他自己也犯过错误。一个人讲的每句话都对，一个人绝对正确，没有这回事情。这是个重要的理论问题，是个是否坚持历史唯物主义的问题。彻底的唯物主义者，应该像毛泽东同志说的那样对待这个问题。马克思、恩格斯没有说过“凡是”，列宁、斯大林没有说过“凡是”，毛泽东同志自己也没有说过“凡是”②。

邓小平的上述谈话，并不是突如其来的，而是对社会主义建设时期如何全面、完整宣传毛泽东思想这一重大问题的长期思考和深刻总结。20 世纪 60 年代初，林彪在全军开展的学习毛泽东著作活动中推行过所谓“活学

---

① 中共中央文献研究室编：《邓小平年谱（1975—1997）》（上），中央文献出版社 2004 年版，第 155 页。

② 《邓小平文选》第 2 卷，人民出版社 1994 年版，第 38 页。

活用”的“左”的做法，这套做法在“文化大革命”期间盛行一时。在主持全面整顿期间，邓小平几次对此提出严肃的批评。他在 1975 年 9 月 10 日出席国务院政治研究室讨论《毛泽东选集》第五卷篇目的会议时说：现在的宣传有很大的片面性，对毛主席的思想各取所需，把毛泽东思想割裂了[①]。9 月 27 日，他在农村工作座谈会上提出：我总觉得现在有一个很大的问题，就是怎样宣传毛泽东思想。林彪把毛泽东思想庸俗化的那套做法，罗荣桓同志首先表示不同意，说学习毛主席著作要学精神实质。当时书记处讨论，赞成罗荣桓同志的这个意见。林彪主张就学“老三篇”[②]（后来加成“老五篇”[③]），是割裂毛泽东思想。毛泽东思想有丰富的内容，是完整的一套，怎么能够只把“老三篇”“老五篇”叫作毛泽东思想，而把毛泽东同志的其他著作都抛开呢？怎么能够抓住一两句话，一两个观点，就片面地进行宣传呢？割裂毛泽东思想这个问题，现在实际上并没有解决。恐怕在相当多的领域里，都存在怎样全面学习、宣传、贯彻毛泽东思想的问题。毛泽东思想紧密联系着各个领域的实践，紧密联系着各个方面工作的方针、政策和方法，我们一定要全面地学习、宣传和实行，不能听到风就是雨[④]。到了 1977 年，邓小平鲜明地批判“两个凡是”，敏锐地提出要完整地准确地理解毛泽东思想，其中所蕴含的马克思主义的立场观点方法，和此前是一脉相承的。

在邓小平率先批评“两个凡是”之时，身为中央军委秘书长的罗瑞卿也表示了旗帜鲜明的态度。1977 年春，尚在住院的罗瑞卿向前来看望的解放军报社长、解放军总政治部副主任华楠详细询问了“两报一刊”社论《学好文件抓住纲》的来龙去脉，指出“两个凡是”是错误的。他说：对待毛主席的著作和他的指示，都要坚持科学的态度。小平同志强调毛泽东思想是一个完整的体系，对毛主席的指示必须完整准确地了解和运用，决不

① 中共中央文献研究室编：《邓小平年谱（1975—1997）》（上），中央文献出版社 2004 年版，第 94 页。

② 老三篇，指毛泽东的《为人民服务》《纪念白求恩》和《愚公移山》三篇文章。

③ 老五篇，指毛泽东的《为人民服务》《纪念白求恩》《愚公移山》《关于纠正党内的错误思想》和《反对自由主义》五篇文章。

④《邓小平文选》第 2 卷，人民出版社 1994 年版，第 36—37 页。

能不分时间、地点、条件到处搬用，这就是坚持了实事求是的科学态度。又说：过去林彪、“四人帮”别有用心地断章取义引用毛主席语录，这是糟蹋马列主义、毛泽东思想，是为他们的野心和阴谋服务的，我们千万要记取这个教训[①]。

尽管“两报一刊”的社论提出了“两个凡是”，但在揭批“四人帮”的社会浪潮中，“文化大革命”造就的思想藩篱，特别是一些危害深重的“左”倾理论观点，也开始逐步地受到理论界的质疑和批判。这些质疑和批判不可避免地与“两个凡是”发生了冲突。1977年2月，由国家计委经济研究所同中国科学院经济研究所、国家劳动总局、北京大学、北京师范大学、北京师范学院、北京经济学院和北京市委党校等单位共同发起全国性的经济理论讨论会，对以下理论问题进行集中讨论：（1）按劳分配和“资产阶级法权”问题；（2）政治和经济、革命和生产的关系问题；（3）批判“四人帮”插手搞的《社会主义政治经济学》。讨论首先从批判“四人帮”在按劳分配问题上的谬论开始。2月25日，先举行北京地区的讨论会。随后4月和6月分别举行第一、第二次全国性的按劳分配问题讨论会。除了按劳分配问题，经济学界还展开了对“唯生产力论”问题的讨论。2月，北京地区专门召开了关于“唯生产力论”问题的讨论会，国务院政治研究室负责人之一的于光远还组织有关人员撰写专门对“四人帮”批判“唯生产力论”进行反批判的著作《评“四人帮”对“唯生产力论”的批判》[②]。该书于6月作为征求意见稿由广东人民出版社出版，内部发行。后在1978年3月由人民出版社、广东人民出版社出版，书名改为《评“四人帮”对“唯生产力论”的批判》。

邓小平对这场讨论表示了明确的支持。1977年8月3日，邓小平在同国务院政治研究室负责人谈话时，肯定了他们组织撰写的《评“四人帮”

① 傅颐：《围绕“两个凡是”的交锋和“纲”的转移——访华楠同志》，《百年潮》2000年第1期。

② 参见韩钢：《最初的突破：1977、1978年经济理论大讨论述评》，《中共党史研究》1998年第6期。

对"唯生产力论"的批判》一书，认为"基本上是写得好的，站得住，但有点吞吞吐吐，讨论后改一下"。在谈到按劳分配问题时说：应该有适当的物质鼓励，少劳少得，多劳多得，说得清楚。现在有人把不是毛主席的东西，强加给毛主席，说按劳分配产生资产阶级。这根本不行。五十元工资加到一百元，加到两百元，也变不了资产阶级①。

在经济学界展开大讨论后不久，在胡耀邦的支持下，复校后不久的中共中央党校于1977年7月15日创办了一份很有影响力的刊物《理论动态》，发行范围主要面向党中央领导同志和党政军高级领导干部。这份刊物发表了一系列文章，批判林彪、"四人帮"的谬论，同时也勇敢地触及多年来的"左"倾错误，特别是触及那些当时还属于禁区的使人望而生畏的问题。《理论动态》第1期发表了《"继续革命"问题的探讨》。作者在探讨这个问题时提出，不能将"文化大革命的重点是整走资派"这一提法扩大为"无产阶级专政下继续革命的重要对象是整走资派"，这样完全有可能被某些野心家利用来不停顿地"打倒一切"；社会主义改造基本完成后，"继续革命"的任务应包括经济基础方面的革新和技术革命，即生产力的革命；有人认为"不断革命"就是"不断反右"，这不是完整的毛泽东思想②。这篇文章名为"探讨"，但对当时被视为不容置疑的"无产阶级专政下继续革命的理论"提出了不同看法，是难能可贵的。《理论动态》第3期发表的《列宁关于正确对待马克思主义原理的一段精辟论述》，刊登了列宁在1916年11月30日写给印涅萨·阿尔曼德的信，并加写一段编者按语。编者按语说：马列主义、毛泽东思想是科学共产主义的完整的思想体系。我们应当历史地、全面地、具体地、准确地理解马列主义、毛泽东思想的每一个原理，决不可忘记原理之间的联系。有一种对待马列主义、毛泽东思想的态度是错误的，这就是：把马列主义、毛泽东思想的个别原理孤立起来，同其他原理隔

---

① 中共中央文献研究室编：《邓小平年谱（1975—1997）》（上），中央文献出版社2004年版，第171页。

② 吴江：《政治沧桑六十年——冷石斋忆旧》，兰州大学出版社2005年版，第167页。

绝，并且脱离开具体的历史经验，无条件地、片面地加以运用，结果使这些原理处于互相敌对的地位，并且成为僵死的东西；甚至把马、恩、列和毛主席在某种具体条件下、在某个时机对某个具体的个别指示，当作在任何条件、任何情况下（甚至在条件已发生根本变化的情况下）都适用的原理。过去“四人帮”推动群众“打语录仗”的教训，我们必须记取[①]。这段编者按语实际上进一步阐述了如何完整地、准确地理解马列主义、毛泽东思想的问题，如何正确对待马克思主义的态度问题，也是对“两个凡是”的抵制。文章发表后，引起巨大的社会反响。

在理论界进行反思的同时，平反冤假错案的工作已经开始起步，并取得一定的进展。但受“两个凡是”的影响，人民群众反映强烈的一些大案要案没有能够得到彻底解决。其中，最具代表性的就是澄清“批邓、反击右倾翻案风”的是非，尽快让邓小平出来工作，以及为1976年的天安门事件平反。由于这两个问题都是毛泽东批准过的，对它们的解决处于两难的境地，只能是以“瓜熟蒂落，水到渠成”的方式，或是在各方合力的推动下一步步地向前推进。尽管邓小平在1977年3月十届三中全会上重新复出，但直到1978年底中央工作会议上，中央才明确宣布“‘批邓、反击右倾翻案风’实践证明是错误的”，并全部撤销中央在1975年、1976年下发的有关“批邓、反击右倾翻案风”的文件。也正是在这次会议上，中央彻底为天安门事件平反，宣布天安门事件完全是革命的群众运动。这从一个侧面反映了历史发展的复杂性以及拨乱反正和实现转折的艰难。

四、“抓纲治国”的部署与新的“跃进”计划

“文化大革命”结束后，把“四人帮”造成的损失夺回来，为早日实现四个现代化而奋斗，成为全党和全国人民的共同心愿。

十年内乱，给我国的经济建设带来巨大损失。主要表现在：政治动乱冲击和破坏生产建设，造成了有形的巨大物质损失；经济发展速度缓慢，

---

① 参见沈宝祥主编：《胡耀邦在中央党校》，中共中央党校出版社2016年版，第27—28页。

失去了正常情况下应该取得的成就；经济效益大幅度下降；人民生活水平长期得不到相应提高。1976 年，由于“批邓、反击右倾翻案风”的错误开展，以及唐山大地震的发生，全年工农业总产值比上年只增长 1.54%，远低于原计划的 7%—7.5%，工农业总产值指数（以上年为 100）比上年还下降了 9.12%。主要工农业产品中有多种没有完成计划，其中棉花完成计划的 79%，钢完成计划的 79%。发电量完成计划的 96.3%，棉纱完成计划的 88%，铁路货运量完成计划的 93%。棉布、硫酸、矿山设备、发电设备、机床、汽车、拖拉机的产量比上年都有较大的下降。国家基本建设投资完成 376 亿元，比上年减少 32.3 亿元，固定资产交付使用率比上年下降 5%，全部建成大中型项目 85 个，比上年减少 82 个，是新中国成立以来投资效益最差的。进出口贸易额 134.4 亿美元，比上年减少 13.1 亿美元，下降 9%。全国国营企业亏损额 177 亿元。国家财政收入 776.6 亿元，比上年减少 29 亿元，出现财政赤字 29.6 亿元[①]。

面对“文化大革命”留下的诸多后遗症，党中央以时不我待的紧迫感，召开一系列会议，采取各种举措，大张旗鼓地强调企业要进行整顿，建立各项规章制度，恢复和发展生产，在动员全党全国各族人民建设社会主义现代化事业方面进行了很大努力。在揭批“四人帮”和解决国民经济严峻困难的过程中，党中央逐步形成“抓纲治国”的部署。

“纲”作为一个特定的政治术语，在我国社会主义革命和建设的几十年间，经常出现在各种文件、报刊和政治运动中，成为“中心工作”“重点工作”或“主题”的代名词。在不同的历史阶段，由于国内主要矛盾和国内外形势的变化，党中央、毛泽东对“纲”的表述也不是一成不变的。1953 年 11 月 4 日，毛泽东在中央召开的第三次农业互助合作会议期间，同中央农村工作部负责人谈农业互助合作问题时提出：有句古语，“纲举目张”。拿起纲，目才能张，纲就是主题。社会主义和资本主义的矛盾，并且逐步解决这个矛盾，这就是主题，就是纲。提起了这个纲，各项帮助农民的

① 参见武力主编：《中华人民共和国经济史（增订版）》上卷，中国时代经济出版社 2010 年版，第 604—605 页。

政治工作，经济工作，一切都有统属了[①]。“大跃进”期间，毛泽东在对斯大林《苏联社会主义经济问题》一书的批语中认为：“在重工业方面，他们（指苏联）没有找到主要矛盾，如说：钢是基础，机器是心脏，煤是粮食……。我们是以钢为纲，是工业的主要矛盾；农业是以粮为纲，其它按比例发展。”[②]此后他又提出：“重工业轻工业的内部关系，矛盾要提主要的侧面。这个辩证法，我们也只是最近才摸到的——以钢为纲，提出了主要矛盾。”[③]“八年不晓得以钢为纲，今年九月才抓住了以钢为纲，抓住了矛盾的主要侧面，一元论不是多元论，抓住了主要矛盾就带动了一切。”[④]“以钢为纲，带动一切。”[⑤]1960年，党中央提出“以粮为纲，全面发展”。在1962年9月召开的八届十中全会上，毛泽东重提阶级斗争问题。经他修改的全会公报指出：在无产阶级革命和无产阶级专政的整个历史时期，在由资本主义过渡到共产主义的整个历史时期（这个时期需要几十年，甚至更多的时间），存在着无产阶级和资产阶级之间的阶级斗争，存在着社会主义和资本主义这两条道路的斗争[⑥]。毛泽东还提出，阶级斗争必须年年讲，月月讲[⑦]。八届十中全会后，党中央在全国城乡发动社会主义教育运动，开展大规模的阶级斗争，并在《农村社会主义教育运动中目前提出的一些问题》（即“二十三条”）中提出“抓住阶级斗争这个纲”，“整党内那些走资本主义道路的当权派”。这些口号使阶级斗争扩大化理论进一步发展，一直延续到“文化大革命”十年。“文化大革命”期间，党中央、毛泽东还提出了“阶级斗争是纲，其余都是目”以及“抓革命、促生产”等口号。

粉碎“四人帮”后，党中央面临着明确党和国家中心工作的重大问题。

---

① 中共中央文献研究室编：《毛泽东年谱（1949—1976）》第2卷，中央文献出版社2013年版，第189页。

② 毛泽东对斯大林《苏联社会主义经济问题》一书的批语，1958年3月。

③ 毛泽东在郑州会议上的讲话，1958年11月9日。

④ 毛泽东在郑州会议上的讲话，1958年11月10日。

⑤ 毛泽东在武昌会议上的讲话，1958年11月23日。

⑥ 《毛泽东年谱（1949—1976）》第5卷，中央文献出版社2013年版，第151页。

⑦ 《中国共产党历史》第二卷（1949—1978），中共党史出版社2011年版，第711页。

1976年12月10日至27日，党中央在北京召开第二次全国农业学大寨会议。这是"文化大革命"结束之后召开的第一个全国规模的会议，与会代表5000多人，其中包括全国2000多个县的第一书记。华国锋在会上发表讲话，提出：1977年的中心任务首先是深入开展揭发批判"四人帮"的群众运动，要放手发动群众，造成革命声势，从政治上、思想上、组织上深入地彻底地揭发批判"四人帮"，大打一场人民战争。讲话在引用毛泽东关于"天下大乱，达到天下大治"的一段话后说："'四人帮'搞的，是乱党、乱军、乱人民。我们今天乱了'四人帮'，革了他们的命，我们的国家就一定能够在两个阶级的激烈斗争中，实现安定团结，巩固无产阶级专政，达到天下大治。这是大势所趋，人心所向，也是我们党中央作出的符合全国人民根本利益和共同愿望的战略决策。"① 从这段话可以看出，揭批"四人帮"实际上被确定为当时的"纲"。也正因此，第二次全国农业学大寨会议被视为最早提出"抓纲治国"的会议。

全国农业学大寨会议主席台。

① 华国锋：《在第二次全国农业学大寨会议上的讲话》，《人民日报》1976年12月27日。

围绕揭批“四人帮”这个“纲”，讲话强调了经济发展问题，提出：“革命就是解放生产力”，“在坚持社会主义方向，坚持无产阶级政治挂帅的前提下，生产发展得越多越好，越快越好”。为此，要深入开展农业学大寨、工业学大庆的群众运动，努力把国民经济搞上去，掀起一个抓革命、促生产的高潮。讲话重申了毛泽东、周恩来关于在 20 世纪内全面实现现代化的目标，认为从 1976 年到 1985 年是实现这个设想的关键 10 年。“现在全国人民都热切期望，在打倒‘四人帮’之后，我国国民经济迅速发展起来，并且决心把被‘四人帮’耽误的时间尽快地夺回来。一九七七年的工作如何，对以后八年的局面关系极大。”正是在这种加快经济建设的氛围下，会议提出要使我国的社会主义农业有一个更快发展的要求，如 1980 年要把 1/3 以上的县建成大寨县，全国基本上实现农业机械化，粮、棉、油、猪和各项经济作物、林牧副渔各业的生产要超过《1956 年到 1967 年全国农业发展纲要》等高指标任务。

第二次全国农业学大寨会后不久，“两报一刊”在 1977 年 2 月 7 日发表题为《学好文件抓住纲》的社论，明确提出了“抓纲治国”的口号。社论说：各级党委要在毛泽东《论十大关系》和华国锋在第二次全国农业学大寨会议上的讲话这两个文件的指导下，把本地区、本部门、本单位揭批“四人帮”的群众运动更加深入地开展起来。“当前，社会主义和资本主义的矛盾、无产阶级和资产阶级的矛盾、马克思主义和修正主义的矛盾，集中表现为我们党和‘四人帮’的矛盾。深入揭批‘四人帮’，这就是当前的主题，就是当前的纲。紧紧抓住这个纲，斗争的大方向就掌握牢了，各项工作就有统属了。”“一切服从抓纲治国的战略决策”①。

2 月 8 日，《人民日报》发表署名任平的文章《抓纲治国》，对 2 月 7 日“两报一刊”社论作了进一步阐发。文章说：今年是我们粉碎“四人帮”走向大治的一年。抓纲才能治国。粉碎“四人帮”以后，广大群众的革命

① 《学好文件抓住纲》，《人民日报》1977 年 2 月 7 日。

积极性空前高涨。摆在我们面前的，是一个百舸争流、千帆竞发的生动局面。农业要大干，工业要快上，各行各业的工作都要有一个大的发展。我们的任务很重，需要解决的矛盾很多，面临的困难也不少。抓纲治国，就要把广大群众的积极性引导到揭批“四人帮”这个中心任务上来。只有把揭批“四人帮”这个纲抓好了，才能最大限度地调动广大干部和群众的社会主义积极性，沿着正确的政治方向，把各项工作搞好。“正确处理纲和目、中心工作和其他工作的关系，是政治觉悟问题，也是领导艺术问题。”“我们要学会这种‘弹钢琴’的方法，在抓好揭批‘四人帮’中心任务的同时，抓好生产，妥善安排各项工作。”①

从以上论述中可以看出，尽管当时仍然坚持“以阶级斗争为纲”，但在实际工作层面上，“纲”已不再是“文化大革命”时期的大批“走资派”，而转换为揭批“四人帮”的罪行，摧毁他们的帮派体系。这在“文化大革命”刚结束不久的特定历史环境下，在一些深层的“左”的错误思想尚未清除的条件下，对于治愈十年内乱给党和国家带来的创伤是必要的。当然，它也存在明显的局限性。因为从本质上看，无论是广义上的“纲”，还是具体化的“纲”，其实都涉及对阶级斗争的认识和估计问题，即认为抓阶级斗争是社会主义社会的主要矛盾，是党的最重要的工作，是经济发展的内在动力。直到 1977 年 8 月，党的十一大政治报告仍坚持“在当前和今后一个时期内，揭批‘四人帮’的斗争，仍然是两个阶级、两条道路斗争的中心”。按照这个逻辑，阶级斗争还是“纲”，“治国”从属于“目”的地位，所以经济建设仍难以成为党和国家的中心工作。从这个角度看，“抓纲治国”可以说是“文化大革命”时期“抓革命、促生产”的翻版和延续，只是少了一些当年咄咄逼人的火药味。1978 年 2 月五届全国人大一次会议宣布全国清查“四人帮”的工作基本胜利结束后，“抓纲治国”较少被提及。随着 1978 年 5 月真理标准问题大讨论的开展和不断深入，“两个凡是”的束缚逐步被打破，党中央开始酝酿工作重点转移，“抓纲治国”不

① 任平:《抓纲治国》,《人民日报》1977 年 2 月 8 日。

再被人们提及。这些变化从一个特定角度反映了一个伟大变革时代的即将到来。

另一方面，党中央提出“治国”的时候，首先抓住了农业和工业这两个环节，希望通过20世纪60年代树立的“农业学大寨”和“工业学大庆”两面旗帜为抓手，加快建设速度，努力把国民经济搞上去，以完成毛泽东、周恩来提出的在20世纪内实现四个现代化的宏伟目标。“文化大革命”结束后不久就召开如此大规模的以农业为主题的会议，体现了中央对农业、农村、农民问题的高度重视，这在当时起到了积极的动员作用，是值得肯定的。但同时也要看到，会议召开本身，不仅仅是对自力更生、艰苦奋斗大寨精神的宣传和对农业生产的部署，而且折射出对农业学大寨背后传统的社会主义模式下中国农业发展道路的肯定和继承。这种传统的模式，将政社合一的人民公社体制视为社会主义农业模式加以固守，把阶级斗争视为农业发展甚至是整个经济发展的内在动力，在实践中产生了不良影响。由于人民公社体制在经营管理上过于集中、分配上严重平均主义，压抑了农民的生产积极性，致使农村生产力和农民生活水平提高不快。1978年我国农村的改革，正是吸取了人民公社化的教训，以家庭联产承包责任制作为突破口，获得了成功。回望历史，再来看“抓纲治国”的部署和实践，就会发现它所体现的历史在走向整个改革开放进程中的过渡性、渐变性特点。

党中央在1976年底部署农业学大寨工作的同时，国务院召开了全国工业学大庆会议筹备会议。进入1977年，揭批“四人帮”的斗争方兴未艾，煤炭、铁路运输等各行各业学大庆活动相继展开。为了解决铁路运输这个国民经济中十分突出的薄弱环节，经党中央批准，1977年2月2日至15日，国务院召开全国铁路工作会议。会议提出，铁路要大治，必须抓住阶级斗争这个纲，把揭批“四人帮”的斗争搞好搞彻底。这是当前的中心任务。目前几个问题较多的铁路单位，对全局影响很大。有关的省、市、自治区党委，要书记亲自动手，抓紧这些单位的问题认真解决好，不能久拖不决。铁道部要和地方党委一起，积极做好工作。会议强调：1975年全面整顿期间中共中央《关于加强铁路工作的决定》(即中央九号文件)是正确的，仍然要贯彻执行；必须建立一套管好社会主义企业的科学的规章制度，大力整顿铁路治安秩序，切实保障铁路运输的安全正点、畅通无阻。会议期间，党中央负责人接见与会代表，在讲话中提出，郑州局、蚌埠分局的问题要及早加以解决。要发展大好形势，把国民经济搞上去，一定要把铁路这个先行搞好。铁路不仅要安全正点，而且要成为大庆式的企业。2月22日，中共中央转发《全国铁路工作会议纪要》。3月，公安部、铁道部召开全国铁路治安工作会议，对整顿铁路治安秩序作出安排。经过整顿，铁路混乱的状况逐步得到改善。

全国铁路工作会议后不久，全国计划会议和中央工作会议在1977年3月召开。这两个会议对国家计委起草的《关于一九七七年国民经济计划几个问题的汇报提纲》进行了讨论。在中央工作会议上，华国锋代表中央正式提出抓纲治国，争取“今年初见成效，三年大见成效”。“今年初见成效，三年大见成效”，实际上就提出了发展的高速度问题。对“怎样才能天下大治”，会议提出了八个方面的任务，实际上是“治国”的具体部署。这八项任务，通过4月11日《人民日报》社论《全面落实抓纲治国的战略决策》向全国公布。主要内容有：一是要把揭批“四人帮”的斗争进行到底，把他们颠倒了的路线是非纠正过来。二是要把党从思想上、组织上、作风上整顿好、建设好。三是要把党的各级领导班子建设成为坚决执行无产阶级革命路线和党中央的决策指示，坚持参加集体生产劳动，在群众中有威信的精干的领导核心。四是要克服“四人帮”干扰破坏造成的困难，把国民经济纳入有计划、按比例、高速度发展的轨道，在发展生产的基础上使人民群众的生活逐步得到改善。五是要继续开展教育革命、文艺革命、卫生革命和科技战线的革命。六是要加速我军的革命化现代化建设，提高警惕，准备打仗，做好反侵略战争的准备。七是要发扬民主，健全民主集中制。八是要在党的集中统一领导下，统筹兼顾，全面安排，调动党内党外一切积极因素，进一步发展革命统一战线。社论说：“用一句话来概括，就是毛主席的无产阶级革命路线在我国社会政治、经济、文化各个领域，在工、农、商、学、兵、政、党各个方面，全面地、正确地贯彻落实。只有这样，才能达到天下大治。”社论还说：“国民经济的各个部门在揭批‘四人帮’的斗争的带动下，逐渐纳入健康发展的轨道，一个新的跃进形势正在形成。”通过中央工作会议和4月11日社论的阐释，“抓纲治国”上升到战略决策的高度，并被赋予具体的实践举措和高速度的“跃进”要求。

对“抓纲治国”以及“今年初见成效，三年大见成效”的宣传，在1977年4月20日至5月13日全国工业学大庆会议召开期间达到高潮。全国工业学大庆会议有7000人参加，分别在大庆和北京分两个阶段召开。华国锋在4月18日召开的预备会议上说：大庆是毛主席为我们树立的一面红旗。工业学大庆，就是要走我国自己工业发展的道路，也就是走大庆的道路。办工业就是要按大庆的样子办。在我们党历史上，召开工业方面学大庆这样大规模的会议，还是第一次。中央是下了决心的，一定要按照大庆的道路，把我们的工业搞上去。只要我们认真努力，按大庆道路办，就大有希望，是会高速度发展我们的国民经济的。华国锋向石油部负责人提出：石油部不能只有一个大庆，年产5000万吨石油就满足了，要搞十来个大庆，必须在2000年以前搞出来①。

4月19日，《人民日报》发表社论《抓纲治国推动国民经济新跃进》。社论说：实现安定团结，巩固无产阶级专政，达到天下大治的战略决策，已经在经济战线上取得显著成果，革命和生产的形势越来越好，其进展速度，超出人们的预料。一个新的跃进形势正在形成。在重提“跃进”口号的同时，社论还充分肯定上海等地提出的达到和赶超“三个水平”的口号，即首先达到和超过本单位历史最高水平，再赶超全国同行业的最高水平，进而赶超世界先进水平。

4月20日，会议在大庆油田开幕。李先念在开幕词中提出这次会议的任务，就是要动员全党、全国工人阶级，更高地举起毛主席的伟大旗帜，

① 《中国共产党历史》第二卷（1949—1978），中共党史出版社2011年版，第1000页。

掀起学习毛泽东思想的新高潮，进一步深入揭批“四人帮”，把工业学大庆的群众运动推向新阶段，普及大庆式企业，为尽快把我国建设成为社会主义的现代化强国而奋斗[①]。

1977 年 5 月 9 日，李先念主持全国工业学大庆会议。

5 月 9 日，华国锋在全国工业学大庆会议上发表讲话，提出：全国工业战线都要像大庆工人那样，具有一种革命加拼命的精神，一种不干则已、一干就干到底的狠劲，一种在任何困难面前坚韧不拔的毅力。我们是在一穷二白的基础上进行工业建设的。现在我国的工业和经济还比较落后，物质基础还不够强大。尽快改变这种状况，是全国人民的迫切愿望。从现在起到本世纪末，只有 23 年的时间。大大加快我国国民经济发展的步伐，是刻不容缓的了。中央要求，所有企业都要认真地学大庆，在第五个五年计划期间，全国至少要有 1/3 的企业办成大庆式企业[②]。会议并将当年计划办

① 李先念:《全国工业学大庆会议开幕词》,《人民日报》1977 年 4 月 23 日。

② 华国锋:《在全国工业学大庆会议上的讲话》(1977 年 5 月 9 日),《人民日报》1977 年 5 月 13 日。

成大庆式企业的数字分配到各省、市、自治区。

工业学大庆会议对于揭批“四人帮”在生产战线的错误影响、恢复全国工业生产秩序、发动全国人民向四个现代化进军方面有着积极意义。但是，会议在没有经过科学论证的情况下，提出了许多冒进的目标，助长了脱离实际倾向的新的“跃进”。

1977 年上半年，特别是第二季度，国民经济的恢复和发展较快，取得了比较显著的成效。7 月 25 日，国务院向中央报送《关于今年上半年工业生产情况的报告》。报告说：1977 年上半年的工业生产，改变了长期停滞不前的情况，在生产总量上创造了历史最高纪录。全国工业总产值 3 月份以来逐月增长，第二季度比第一季度增长了 36.9%，上半年完成全年计划的 48.1%。铁路平均日装车，4 月份达到 5.51 万车，超过历史最高月水平，上半年全国铁路货运总量完成全年计划的 50.9%。原油持续增长，煤炭、发电量的生产形势很好，化肥、拖拉机、塑料、糖、盐、卷烟等都比去年同期大幅度增长，钢铁工业 3 月份以来生产回升，五六月份钢产量超过去年同期水平。全国财政收入情况显著好转[①]。中央于 7 月 30 日批转了这个报告，根据工业生产恢复较快的情况，乐观地指出：国民经济的新的“跃进”局面正在出现。在这种情形下，中央对国民经济长远规划的制定也提出了争取高速度的要求。

1977 年 11 月 15 日，国家计委向中央提交《关于经济计划的汇报要点》，主要内容包括 23 年的设想、“五五”计划后 3 年的安排、“六五”计划轮廓等。其中，对 23 年的设想分为三个阶段。第一阶段，1980 年以前，基本实现农业机械化，在全国建成独立的比较完整的工业体系和国民经济体系。第二阶段，1985 年以前，基本建成 6 个大区的不同水平、各有特点、农轻重比较协调发展的经济体系。第三阶段，2000 年以前，全面实现四个现代化，主要工业产品产量和主要生产技术多数接近、少数赶上和超过当时的世界先进水平，使我国国民经济走在世界的前列，建成社会主义

① 《国务院关于今年上半年工业生产情况的报告》，1977 年 7 月 25 日。

强国。对“六五”计划的轮廓，《汇报要点》提出：到1985年，基础工业要新建和续建120个左右的大型项目，主要有：20个大水电站、7个大煤炭基地、10个大油气田、11个大钢铁基地、9个大有色金属基地、10个大石油化工厂、10多个大化肥厂、6条铁路干线和几个大港口等，基本建设投资接近过去28年的总和。

中央政治局对《汇报要点》非常关注，于11月18日、23日、25日三次听取国家计委的汇报，肯定这个计划是积极的，经过努力是可以实现的，并决定提交11月至12月间召开的全国计划会议进行讨论。经过全国计划会议的研究，在《汇报要点》的基础上形成《1976—1985年发展国民经济十年规划纲要（草案）》。1978年1月，中央政治局批准了《十年规划纲要（草案）》。虽然《十年规划纲要（草案）》对《汇报要点》的若干指标作了一些调整，但确定的指标都过高了，超越了当时国家财力、物力的承受限度。

1977年，在20世纪内实现四个现代化宏伟目标的激励下，全党上下团结一致，艰苦奋斗，工农业生产得到比较快的恢复和发展。工业总产值1977年比上年增长14.3%，1978年又增长13.5%。财政收入1977年比上年增长12.6%，1978年又增长28.2%，做到收支平衡，略有结余。1978年，农业生产获得大丰收，粮食产量突破6000亿斤，超过历史最高水平。人民生活水平也有所提高，1977年全国60%的职工多年来第一次不同程度地增加了工资，1978年全国城乡居民消费水平比上年提高5.1%[①]。但是，1978年也是“大跃进”后20年中积累率最高、基本建设投资规模最大、投资额增长最高的一年。由于在一定程度上忽视了中国国情和经济客观规律，加上以群众运动的方式推进经济建设，又发生了急于求成的倾向，国民经济发展中重大比例关系失调的情况日益显露出来。从1979年4月到1981年底，党中央对国民经济实行“调整、改革、整顿、提高”，逐步克服了经济建设中“左”的指导思想，确立起实事求是、量力而行的建设方

① 中共中央党史研究室著、胡绳主编：《中国共产党的七十年》，中共党史出版社1991年版，第416页。

1977 年，我国最长的公路桥——洛阳黄河公路大桥通车。

1977 年，现代化的石化基地——山东胜利石油化工总厂建成投产。图为炼油厂夜景。

1978 年，连接武汉市汉口与汉阳之间的重要交通枢纽工程江汉大桥建成通车。

1978 年，现代化大型钢铁联合企业——上海宝山钢铁总厂在高炉区进行试验打桩。

针。到1982年，党的十二大在充分考虑我国实现现代化的长期性、艰巨性和复杂性的基础上，把20世纪末的奋斗目标由先前的实现四个现代化改为实现小康，才从战略指导上解决了长期存在的急于求成、急躁冒进的问题。

梳理“抓纲治国”的提出到新的“跃进”计划的形成，对了解和研究党的十一大历史，不无裨益。

第二章　1977年3月中央工作会议与提前召开党的十一大的动议

根据粉碎“四人帮”后国内形势的发展变化，党中央开始考虑提前召开党的第十一次全国代表大会，以便确定党的工作方针，选出新的中央委员会。从目前已有的材料看，提前召开十一大的动议，最早是在1977年3月9日中央政治局会议及随后的中央工作会议上进行了酝酿。

一、中央工作会议的召开与讨论的热点问题

1977年3月10日至22日召开的中央工作会议，是粉碎“四人帮”后党中央召开的第一次工作会议。出席会议的有中共中央政治局委员华国锋、叶剑英、李先念、陈锡联、纪登奎、汪东兴、吴德、许世友、韦国清、李德生、陈永贵、吴桂贤、苏振华、倪志福、赛福鼎，以及全国人大常委会、国务院、中央军委的负责人，各省、市、自治区、各大军区，中央和国家机关各部委，军委各总部、各军兵种的主要负责人，共160多人。

会议依照过去的习惯，按六个大区分成华北、东北、华东、中南、西南、西北六个组。中央直属的党政军各单位负责人不单独编组，分别参加六个组讨论。在京中央政治局委员未编入各组。具体分组如下：

华北组29人，召集人：秦基伟、刘子厚、丁国钰、黄华。

东北组27人，召集人：曾绍山、刘光涛、王恩茂、康世恩。

华东组27人，召集人：彭冲、白如冰、江渭清、李志民。

中南组25人，召集人：刘建勋、张平化、乔晓光、杨得志。

西南组27人，召集人：赵紫阳、安平生、梁必业、叶飞。

西北组 26 人，召集人：冼恒汉、李瑞山、杨勇、霍士廉。

在 3 月 10 日召开的第一次全体会议上，党中央主要负责人就会议的目的、议程、开法和会议时间作了讲话。他说：由于当时粉碎“四人帮”情况比较紧，我们分头开的打招呼会议，现在过了 5 个月，需要坐下来总结交流前一段揭批“四人帮”的经验，研究下一步揭批“四人帮”的问题。同时，考虑到全国计划会议正在开，1977 年国民经济计划，也需要同志们一起来商量；还考虑到下半年的工作问题需要同大家交换意见。在第二次全国农业学大寨会议上，中央提出了今年的四项战斗任务[①]，但下半年还有一些具体工作的设想，需要同大家商量。比如，党的十一次全国代表大会什么时候召开，事先要做哪些准备工作。按说，党的十一次全国代表大会要到 1978 年召开，但由于我们粉碎了“四人帮”，党内进行了一次大的路线斗争，需要提前召开党的十一次全国代表大会。同样，第五届全国人民代表大会也需要提前在今年内召开。今年什么时候召开，需要和大家商量。遵照毛主席倡导的党的优良作风，有事同大家多商量，中央政治局的意图让大家能够知道，大家的意见使中央政治局能够知道。这样，就能上下通气，互相沟通思想了。讲话还说：这次会议，我们想开十天，或者稍多一点。会议要抓紧。昨天晚上在政治局会议上，我们讲了是不是考虑在 7 月份开党的十一大，同志们觉得时间确实紧一点，还有好多工作要做，所以会议的时间不要拖得太长。这次大会的目的，是要继续高举毛泽东思想伟大旗帜，统一大家的思想，加强全党的团结，继续发展大好形势，把国内的问题搞好。

根据中央的安排，中央工作会议分两个阶段进行。第一个阶段，从 3 月 10 日到 13 日，主要讨论计划问题。由国家计委主任余秋里就《国家计划委员会向中央政治局关于一九七七年国民经济计划几个问题的汇报提纲》（以下简称《汇报提纲》）向会议作汇报说明，然后分组讨论。第二阶段，从

---

① 四项战斗任务，即：第一，深入开展揭发批判“四人帮”的群众运动，这是 1977 年的中心任务。第二，加强党的建设。第三，深入开展农业学大寨、工业学大庆的群众运动，努力把国民经济搞上去。第四，进一步把群众性的学习马列著作和毛主席著作的运动推向新的高潮。

3月14日到22日，讨论揭批“四人帮”和下半年工作安排的问题。中央工作会议期间，共召开5次全体会议，印发了14个文件，下发简报120期。

会议讨论热点之一：关于《汇报提纲》和1977年经济工作

粉碎“四人帮”后，尽快把国民经济搞上去，成为全党的共识。在千头万绪的工作中，国务院花了很大精力，首先抓了国民经济年度计划安排。

1977年1月12日至2月4日，国务院召开讨论年度计划会议。根据会议的意见，国家计委着手制定《关于一九七七年国民经济计划几个问题的汇报提纲（草稿）》。这个《汇报提纲（草稿）》经过国家计委、财政部与各省、市、自治区的多次商量后，送中央政治局、国务院进行讨论。二三月间，国家计委向国务院汇报提纲草稿时就有了调整国民经济部署的提法，但没有得到中央主要负责人的同意。中央主要负责人认为：今年有调整的意思在里面，但考虑来考虑去，没有提调整。今年经过努力，要前进一步，而且为今后三年更好地完成五年计划打基础。一说调整，好像五年计划又要调整了。研究今年的计划，要看到困难，但也不要把困难看得过重，真正把群众发动起来，把生产搞上去并不会很慢。要积极一点，要看到困难，更要看到有利条件[①]。3月3日至16日、3月10日至22日，全国计划会议和中央工作会议相继召开，《汇报提纲（草稿）》被提交到这两次会上进行讨论，以便统一认识，付诸实施。

《汇报提纲（草稿）》的主要内容是：（一）由于“四人帮”的干扰破坏，几年来国民经济发展速度缓慢。云南、贵州、四川、福建、浙江、江西等省粮食产量下降，有些重点产粮省由调出粮食变为调入粮食。工业生产停滞不前，同正常速度相比，1974年到1976年约损失工业总产值1000亿元，少生产钢2200万吨到2800万吨，财政收入少收300亿元到400亿元。（二）在揭批“四人帮”的斗争中，要划清思想界限，要从经济战线的实际出发，着重解决好十个“要不要”的问题，即要不要坚持党的基本路线、要不要党的领导、要不要全心全意依靠工人阶级、要不要搞好生产、要不要规章

---

① 参见黄一兵：《一九七七年中央工作会议研究》，《中共党史研究》2010年第2期。

制度、要不要社会主义积累、要不要实行按劳分配原则、要不要培养专家、要不要引进新技术、要不要坚持统一计划。（三）安排好国民经济比例关系，突出重点，打歼灭战。1977 年是很重要的一年，做好这一年的工作，使国民经济扎扎实实地前进一步，就可以为第五个五年计划后三年大发展作好准备。由于“四人帮”的干扰破坏，当前国民经济中的一些比例关系很不协调，有些问题，需要在调整长远规划时研究解决。有些问题，在 1977 年计划中，要认真着手解决。主要问题有三个。第一，农业和轻工业不适应生产建设和人民生活的需要，这是当前国民经济的主要问题。第二，在工业中，突出的薄弱环节是燃料、动力和原料、材料，而最突出的又是燃料。解决措施主要有三条：加快煤炭、石油、天然气的增长速度；控制加工业的发展，凡是燃料动力原料、材料没有保证的项目，要坚决停下来，决不能再搞“无米之炊”；狠抓燃料动力的节约。第三，已经铺开的基本建设规模，超越了当前的财力、物力的可能。1977 年基本建设拨款比 1976 年预计减少 42 亿元，非下大决心把一批项目减下来不可。哪些项目要保，哪些项目停缓，要一个一个落实，不能你保他不保，不能明停暗不停，要有责任制，谁承担的任务谁负责到底。自筹资金搞建设要严格控制。筹建项目要由部门和省市组成联合组，逐个审查，近期没有条件上的要停下来。第四，深入开展工业学大庆、农业学大寨群众运动，大搞增产节约。要把企业的领导班子整顿好、建设好，整顿和精简机构，加强生产第一线，建立和健全合理的规章制度，抓好基层工作①。

应该说，《汇报提纲（草稿）》对当时经济形势的估计是比较实事求是的。尽管它没有明确提出调整，但不少内容已经包含了调整的措施和设想。在中央工作会议上，与会者对于国民经济面临的形势，以及恢复和发展经济重要性和迫切性的认识是比较一致的。大家在讨论中各抒己见，畅所欲言，揭批了“四人帮”对经济发展的干扰和破坏，对安排好 1977 年国民经济计划提出了许多意见和建议，初步澄清和纠正了经济战线上的是非和混乱。

---

① 国家计划委员会：《关于一九七七年国民经济计划的几个问题的汇报提纲（草稿）》，1977 年 3 月 8 日。

粟裕在发言中说：由于“四人帮”的严重破坏，我国的经济遇到了一些困难，但这是暂时的。建议政治局考虑，按党的组织系统，自上而下地，在着重宣传大好形势的同时，把困难向群众讲清楚，动员和依靠各级党组织和广大党员，团结人民群众，认清困难，分担困难，共同努力，艰苦奋斗，战胜困难，国民经济就会很快搞上去。他还说：我国按土地、人口计算，一个省相当于东、西欧一个国家。但是，我们经济基础差，生产水平、科技水平较低，搞工业省的条件不足。因此，建议还是先搞协作区，将来逐步发展为工业省。但是，支农工业、小工业，各省应根据条件迅速建设起来，逐步形成体系。同时，我国基础工业太薄弱，影响整个国民经济的迅速发展，亟需加强。

各省代表还根据本省的实际情况，反映了经济工作中存在的困难。西南组在讨论中提出：四川几年来大型国防工业上去了，地方工业、轻工业、支农工业仍然很薄弱，农业面貌没有改变。农业与三线建设的矛盾，已经到了很尖锐的程度。这样下去，将来势必拖了三线建设的后腿。如何解决，希望国务院、国家计委能作为三线建设的一个方针问题考虑：一是要千方百计地把农业搞上去，要采取有力措施，支持三线地区的农业；二是希望在三几年内对三线工业进行巩固整顿，主要抓生产、管理、挖潜，稳几年，除了燃料、支农、地方轻工业外，不要再上新的项目，大的配套也缓一下。这个问题希望国家在长远规划中加以考虑。有的同志还提出：大三线的国防工业摆得很多，同当地农业的比例相差太大。如四川国防工业太集中，而近年来粮食按人平均占用量下降，1976 年就调进粮食 12 亿斤。这几年出现了北粮南运的现象。希望中央、国务院重视大三线的农业建设，扭转北粮南运的现象。

湖北省代表反映：湖北省轻工业比例轻了，抓得不够。希望中央每年投点资，省里自己努力一些，每年增加些能力，发挥各级的积极性，尽可能多搞一点，以解决资金的来源和人民生活的急需。由于当前电力严重不足，武钢、冶钢等重要厂都处于停产状态。希望中央最近两三个月内，能够增加调点煤给湖北，增加点发电，使轻重工业在最近几个月勉强能动起来，特别是现有的化肥厂和钢铁厂能开工一部分。这些问题，如果上半年不抓紧解决，拖到下半年，会影响到1978年的工农业生产。从长期规划来讲，湖北的主要问题，是电的问题，无论在湖北的大工业、国防工业和地方工业，电的问题不从根本解决，都是无米之炊。

湖南省代表提出：北煤南运状况要进一步努力才能基本扭转。湖南省煤炭储藏量很丰富，品种相当多，而且离铁路近，交通方便。但开采量还很少，煤的问题已成为国民经济中最突出的薄弱环节，希望中央能够把湖南的煤田建设列为煤炭工业的重点之一。

河南省代表反映：河南存在的困难是煤、电、运的问题，突出的问题是电严重不足。由于“四人帮”的破坏，有的电子锅炉完好率仅占40%。洛阳20万千瓦的电站，只发电8万千瓦。当前全省发电仅有85万千瓦，需要量是120万千瓦或130万千瓦。

云南省代表说：当前要解决的严重问题是缺煤、缺电、缺油、缺原材料的问题。

西藏代表提出：西藏的运输和电力矛盾很突出，希望中央加快青藏铁路建设。

在中南组的讨论中，水利电力部负责人介绍了电力的有关情况。她说：几年来，电一直比较紧张，1977年全国35个电网中约有26个缺电，影响了工农业生产和人民生活。发电量的增长速度低于工业总产值的增长速度，企业管理松弛，规章制度不严，有些地方设备失修很严重。要解决缺电问题，首先要狠抓电力企业的管理和整顿，严格合理的规章制度，加强设备检修，要求安全、满发、经济，努力降低用煤用电消耗，并加强计划用电。从长远来讲，下决心加大水电建设，努力加快正在施工的大型骨干水电站，同时要大搞农村的中小水电站。

在西南组的讨论中，熊向晖简要介绍了国外对我国经济发展的评价、美国的农业现代化问题，以及有关引进先进科学技术材料的问题。

有的同志提出：一、企业管理到底怎么搞？现在一个企业就像一个小社会，企业党委除了抓生产，还要管教育、公安、商业等，不大好办。二、职工两地分居问题，特别是大三线，很多老工人还没有解决。三、现在又搞劳动竞赛了，这是对的。除政治上奖励外，要不要搞物质奖励？怎么搞法？

也有同志提出：就经济工作来说，当前要抓“三个速度”。第一，我国现有的矿山、工厂有一些没有充分发挥作用，连设计能力都没有达到，“明力”大得很。所以，1977年要狠抓生产不正常的企业，使其达到设计能力或历史最好的水平。这样，就可大大增加产品的质量。只要做到这一条，1977年工业生产就可大大增加，增长速度绝不止8%。第二，我国现已建成的矿山、工厂已经不少了，有了一定的基础。我们要加快工业的发展速度，着眼点也要改变一下，不能总是想着上新项目、新建厂子，把已经建成投产的老厂放在一边，而应着重对老厂进行技术革新、技术改造、狠挖潜力。建议每年的国家计划要把用于老厂改造、挖潜的资金打足。第三，国家有了一点本钱，就可以进一步采取措施，搞四个现代化，再加快我国国民经济的步伐。目前主要是抓前两个速度。建议中央要求各部和各省、市、自治区把前两个速度拿出来。一挖潜，就遇到一个燃料、电力、原料不足的问题。这就要首先责成生产燃料、原料的厂矿搞上去，解决这个问题。为了尽快把我国国民经济搞上去，建议来一个战略突破。整个国民经济就像一盘棋，平铺直叙地下，难以取胜，总要有一个战略性的突破，才能拿下这盘旗。我国国民经济这盘棋，比较现实的突破点是石油。今年就需采取有力措施，增加钻机和海上勘探设备，加快勘探，使石油能从今后每年增加2000万吨原油的速度发展上去。目前，我们一方面燃料不足，一方面是燃料惊人的浪费。浪费的突出表现，一个是热效率低，有的低到20%；一个是工厂不讲究热平衡，加热、冷却，又加热、又冷却，设计不全面考虑，浪费了大量的燃料和电。如果老这样搞，工业越来越大，要多少燃料来侍候！因此，建议计委成立一个节约燃料小组，专管节约燃料。

关于发展国民经济的问题，与会者提出：国民经济的年度计划过去搞得太晚，建议以后早点着手搞，早点发下去；每次搞计划都说基本战线太长，要集中力量打歼灭战，但每次都没有实现，问题出在哪里？在条条，还是在块块？建议采取坚决措施解决，条条专政要批，有的地方闹独立性，破坏国家计划，也要批；我们的教育和科技不能适应国民经济的发展，对这一点必须引起重视，要彻底批判“四人帮”破坏教育革命和科技革命的罪行，尽快采取有力措施，改变现在的状况。

3月14日，华国锋在会上讲话，再次强调1977年应是走向大治的一年。对于究竟怎样才算天下大治，谈话提出了“八个一定要”的要求，如一定要把揭批“四人帮”的伟大斗争进行到底；一定要把党从思想上、组织上、作风上整顿好、建设好；一定要把党的各级领导班子建设好；一定要落实毛主席关于“把国民经济搞上去”的指示，把整个国民经济纳入有计划、按比例、高速度发展的轨道，在发展生产的基础上，使人民群众的生活逐步得到改善。

3月18日，李先念在会上发言。他说：关于今年的国民经济计划，总的精神是，在经济战线上深入揭批“四人帮”，贯彻执行“备战、备荒、为人民”的战略方针，正确处理农轻重关系，把农业搞好，把轻工业搞好，安排好市场和人民生活。在这个前提下，积极发展重工业，并为今后三年的大发展作好准备。重工业的投资，80%用于发展燃料、动力和原材料工业。基本建设要集中力量打歼灭战，一定要下这个决心。今年的各项目标，只要大家努力，一定可以超过。围绕如何把“四人帮”造成的经济损失夺回来，把国民经济搞上去这个主题，他在发言中还就农业、燃料动力和原材料工业、市场、外贸、发挥中央和地方两个积极性、开展增产节约运动等问题，作了具体阐述①。

中央工作会议后，中央于3月30日批转了国家计委《关于1977年国民经济计划几个问题的汇报提纲》。

会议讨论热点之二：对1975年全面整顿的评价

联系《汇报提纲（草稿）》的讨论，不少代表提出了如何评价1975年全面整顿工作的问题。

1975年，为扭转“文化大革命”造成的严重混乱局面，邓小平领导全面整顿，同“四人帮”进行了针锋相对的斗争。他首先抓住当时影响经济运

① 《李先念传（1949—1992）》下，中央文献出版社2009年版，第970页。

行的主要矛盾，以铁路整顿为突破口，推动整个工交系统和其他领域面貌的转变。由于全面整顿取得的显著成效，在许多人的心目中，1975 年 3 月 5 日党中央发出的第九号文件《关于加强铁路工作的决定》是一个纲领性的文件。在整顿过程中，邓小平还立足长远和全局。在他的领导下，国务院召开计划务虚会议，委托国家计委起草制定《关于加快工业发展的若干问题》（即“工业二十条”）。中国科学院、国务院政治研究室也相继起草《论全党全国各项工作的总纲》和《关于科技工作的几个问题》。这三个集中体现全面整顿思想的文稿，被“四人帮”诬蔑为“三株大毒草”。在揭批“四人帮”的过程中，党中央在 1977 年 2 月召开的铁路工作会议上首先为 1975 年九号文件正了名，认为“总的说是好的”。

在 1977 年 3 月的中央工作会议上，与会代表提出：回顾我们党同“四人帮”在经济战线的激烈斗争，几年来生产大上大下的情况，使我们深刻认识到，1975 年的工作是正确的。现在提出“天下大治”，我们必须对 1975 年的工作有一个正确的看法。所谓“三株大毒草”完全是“四人帮”炮制捏造的。有的同志在谈到十个“要不要”的问题时建议：把应该坚持什么，反对什么，什么该做，什么不该做，都讲得清清楚楚，明明白白。这十个界限虽然讲的是经济战线的问题，但具有普遍意义，对其他各条战线也是适用的。

西南组的同志在讨论时说：“四人帮”诬蔑加快工业发展的“二十条”是“加快资本主义复辟”的大毒草。可是广大干部群众看了后，却拍手称好，说照“二十条”去做，就能加快我国社会主义建设的发展。《汇报提纲》系统地清算了“四人帮”破坏社会主义建设的罪行，对 1975 年的工作作了肯定的回答，划清了思想界限，分清了路线是非，把被“四人帮”颠倒了的历史又重新颠倒了过来，这必将极大地调动广大干部群众的社会主义建设的积极性。

经过充分的讨论，中央工作会议通过的《汇报提纲（草稿）》对 1975 年整顿作出了明确而肯定的评价。会议认为，1975 年，在中共中央和国务院领导下，经济领域狠抓整顿，有力促进了国民经济的好转，绝不是什么“复辟资本主义”；当年国务院召开的计划务虚会议，也绝不是什么“右倾翻案风的风源”；在国务院领导同志主持下起草的三个文件，即《论全党全国各项工作的总纲》《关于科技工作的几个问题》和《关于加快工业发展的若干问题》，也绝不是什么“三株大毒草”，而是三篇好文稿。对主持和参加 1975 年全面整顿工作的干部，予以充分肯定，认为他们是应当受到鼓励、受到信任、受到支持的好干部。这就为 1975 年邓小平主持国务院的工作恢复了名誉。

中央工作会议结束后不久，《人民日报》先后发表文章，分别驳斥了“四人帮”对所谓“三株大毒草”的批判。它们分别是：中国科学院理论组撰写的《要知松高洁　待到雪化时——推翻“四人帮”对〈汇报提纲〉的诬陷》（1977 年 6 月 30 日），向群的《打着反复辟的旗号搞复辟——批判“四人帮”对〈论总纲〉的“批判”》（1977 年 7 月 7 日），国家计委大批判组撰写的《一场篡党夺权的反革命丑剧——评“四人帮”对〈二十条〉的“批判”》（1977 年 7 月 16 日），初步澄清了人们的思想认识。

会议讨论热点之三：关于邓小平出来工作和天安门事件的平反问题

在揭批“四人帮”的过程中，广大干部普遍要求尽快消除“文化大革命”的严重后果，在迅速恢复遭到严重破坏的国民经济的同时，纠正“文化大革命”造成的冤假错案。纠正冤假错案首先突出地反映在两个问题上，一是澄清“批邓、反击右倾翻案风”的是非，尽快让邓小平出来工作。二是为 1976 年的天安门事件平反。中央工作会议对这两个重大问题的讨论，是社会和民心的真实反映。而最具代表性的是陈云和王震的发言。

陈云在 3 月 13 日西南组的会议上作了书面发言。对这个发言，陈云经过了反复考虑，先是同胡乔木商量，而后又在耿飚家里征求耿飚、王震、肖劲光、王诤等人的意见。发言指出：“粉碎‘四人帮’反革命集团，这是我们党的一个伟大胜利，对中国革命具有伟大的历史意义。我对天安门事件的看法：（一）当时绝大多数群众是为了悼念周总理。（二）尤其关心周恩来同志逝世后党的接班人是谁。（三）至于混在群众中的坏人是极少数。（四）需要查一查“四人帮”是否插手，是否有诡计。因为天安门事件是群众关心的事，而且当时在全国也有类似事件。邓小平同志与天安门事件是无关的。为了中国革命和中国共产党的需要，听说中央有些同志提出让邓小平同志重新参加党中央的领导工作，是完全正确、完全必要的，我完全拥护。”发言的最后说：“我国目前总的形势是好的。虽然有些困难，但这是暂时的困难。只要全党团结在党中央周围，共同商量，同心同德，经过努力，这些困难是一定会克服的，我们的前途是光明的。”[①] 王震在会上也提出相同的意见。他们的发言得到许多与会者的赞同，在社会上产生了广泛影响。

3 月 14 日，华国锋在中央工作会议第二次全体会议上发表讲话。他着重强调要捍卫毛泽东思想，高举毛主席的伟大旗帜，指出：“在揭批‘四人帮’的斗争中，一定要注意，凡是毛主席作出的决策，都必须维护；凡是损害毛主席形象的言行，都必须制止。”根据这一指导思想，他继续强调：“批邓、反击右倾翻案风”，是伟大领袖毛主席决定的，批是必要的。“四人帮”批邓另搞一套，违背毛主席的指示，对邓小平同志进行打击、诬陷，这是他们篡党夺权阴谋的重要组成部分。“四人帮”对邓小平同志的一切诬蔑不实之词，都应当推倒，比如，他们诬陷邓小平同志是天安门事件的总后台，经过调查，邓小平同志根本没有插手天安门事件。现在，经过五个多月揭批“四人帮”的斗争和多方面的工作，解决邓小平同志的问题，条件逐步成熟。中央政治局的意见是，经过党的十届三中全会和党的第十一次代表大会，正式作出决定，让邓小平同志出来工作，这样做比较适当。在党中央领导下，发挥邓小平同志的长处，对党的事业有利。问题正在解决，要做到瓜熟蒂落，水到渠成。对天安门事件，讲话仍然认为是“少数反革命分子制造的反革命事件”，但同时又说：在“四人帮”迫害敬爱的周总理，压制群众进行悼念活动的情况下，群众在清明节到天安门去表示自己对周总理的悼念之情，是合乎情理的。不能把他们，包括纯属反对“四人帮”而被拘捕过的群众，说成是参加了天安门广场的反革命事件。关于天安门事件的“实际问题已经解决了”，希望人们“不要在天安门事件

① 《陈云文选》第 3 卷，人民出版社 1986 年版，第 230—231 页。

这样一些问题上再争论了"[①]。由于"两个凡是"给揭批"四人帮"设置了界限，中央工作会议没有能够对这两个问题作出彻底的解决。

会议讨论热点之四：对进一步揭批"四人帮"运动的交流和总结

在中央工作会议上，苏振华、秦基伟、康世恩、段君毅分别发言，介绍了所在地区和部门揭批"四人帮"运动的情况和经验。他们的发言稿作为会议文件下发，以推动与会者对揭批运动的交流和总结。

苏振华在发言中介绍了上海市五个月来揭批"四人帮"群众运动的情况。在谈到整顿各级领导班子、加强党的建设问题时，他说：这几个月，我们对市委各组、办和区县局以及少数问题多、影响大的重点企业的领导班子进行了初步整顿，首先配备好一、二把手，对问题严重、立场没有转变过来、群众不信任的领导成员，采取多种方式让他们离开领导岗位。对于一部分经过调整的领导班子，春节前后，有计划、有步骤地进行了整风，开展批评与自我批评，着重解决思想政治路线问题。

秦基伟在发言中介绍了保定地区解决武斗问题、迅速打开局面的经验。主要有：一、依靠中央布告的威力，军事行动与政治攻势相结合，坚持政治解决的原则，断然制止武斗。部队在行动之前，召开地、市、县常委和工矿企业领导干部会议，向他们传达党中央解决保定问题的指示和决心，宣讲中央布告，要求他们坚决贯彻执行。会后，三十八军连夜出动，地、市、县干部同部队一起，在拂晓前将192个武装据点全部包围起来。军队和地方干部一同向武斗人员宣读布告，进行行动，顺利收缴了大批武器，解散了武斗组织。在短短十几天内，没有开一枪，没流一滴血，改变了保定的混乱局面。二、大打揭批"四人帮"的人民战争，肃清其流毒和影响，是保定由乱到治的根本。三、大力促进革命团结，是解决好保定问题的关键。四、坚决镇压一小撮打砸抢首恶分子，整顿社会秩序。五、大搞农业学大寨、工业学大庆群众运动，恢复和发展工农业生产，安排好人民的生活，把群众揭批"四人帮"斗争中激发出来的积极性，引导到大干社会主

① 参见中共中央党史研究室著：《中国共产党历史》第二卷（1949—1978），中共党史出版社2011年版，第992页。

义上来。

康世恩主要介绍大庆油田充分发动群众开展“三大讲”的情况。首先是在部机关和大庆油田层层组织宣讲团，学习毛泽东关于批评“四人帮”的一系列指示，把“四人帮”罪证材料之一发给职工和家属，每三、五人一份，每人要阅读或听宣讲五遍，宣讲团把“四人帮”的每条罪行详细加以分析，结合报刊上的文章，一起讲解，在“都知道”和“搞清楚”上下功夫。在此基础上，开展“三大讲”。一讲“四人帮”的罪行，二讲怎样跟“四人帮”作斗争，三讲跟“四人帮”作斗争的体会①。

段君毅在会上介绍了铁路工作的情况。他谈到：由于“四人帮”大肆挑动资产阶级派性，结党营私，煽动停工停产，冲击铁路运输，煽动无政府主义，搞乱企业管理，冲乱合理的规章制度，致使铁路运输瘫痪，一些干线不畅通，运输生产几上几下。中央提出加强领导、做细致的思想政治工作、限期把一些重点单位的问题解决好的要求后，在有关省、市、自治区党委的领导下，在有关军区和铁道兵的大力支持下，较为顺利地解决或基本解决了郑州、兰州、太原、南昌、昆明等铁路局和蚌埠、贵阳等铁路分局的问题。在解决这些单位的问题时，区别不同情况，采取了不同的方式。一种是郑州铁路局的方式，撤掉了唐岐山等极少数非搬掉不可的人，由中央派得力干部，参加党委领导班子，担任一、二、三把手，和原来的党委成员一道工作。一种是兰州铁路局的方式，原来的党委成员基本不变，由中央派出小组，帮助和领导原来的党委进行工作。另一种是太原铁路局和蚌埠分局的方式，上级不派人去，依靠当地省委解决问题，做好工作。这三种方式，贯穿了一个指导思想，就是要团结一切可以团结的力量，坚持多换思想少换人，能不动的尽量不动，能少动的尽量少动。发言还说：全党办铁路，党政军民一齐努力，才能把铁路的事情办好。28 个省、市、自治区相继召开了铁路工作会议，并指定一名书记主管铁路工作。不少地区的驻军、机关、厂矿、学校，出动大批人力和车辆，帮助铁路抢装抢卸。

① 参见《人民日报》1977 年 3 月 26 日。

沿线许多县、社、队，动员群众，组织民兵，联防互防，维护铁路治安秩序。这一个时期，铁路运输上来了。

围绕揭批“四人帮”，与会代表提出了有建设性的意见，既涉及理论问题，也涉及实践层面。韦国清提出：（1）对于“四人帮”干扰破坏造成的国民经济暂时困难，不能轻视。（2）关于两条腿走路的问题，应该发挥中央和地方两个积极性。（3）中央各部门和各地有些什么困难，要互相沟通思想，各地的困难，中央有关部门帮助解决，部里的困难，地方同志也要谅解。中央各部要加强对各地工作的指导。建议王、张、江、姚专案组对各省运动加强指导，及时把有关材料转给各省委，以利搞好清查工作。（4）精简机构，精兵简政，改变各地机构臃肿重叠，人浮于事的现象。各地老弱病残干部很多，对这些同志，中央应有专门机构，制定统一政策，妥善安排，各得其所，以调动新老干部的积极性。（5）希望中央宣传口和总政治部能定期搞些国际国内形势教育宣传提纲，发给各省，以便向群众进行时事教育，统一思想，鼓舞斗志。（6）对被“四人帮”歪曲和篡改了的理论，搞乱了的思想，中央应组织力量从理论上加以系统阐述。例如，对“资产阶级就在共产党内”和限制资产阶级法权等问题，现在有些人的理解不一致，需要在思想上澄清。（7）毛主席讲过，工、农、兵、学、商、政、党七个方面都要搞一个条例。现在，进行这方面工作的条件已经具备了。希望中央、国务院着手进行研究。（8）关于外汇问题。1965 年广东的侨汇是 1 亿 150 万美元，当时侨汇分成，6% 归省。“文化大革命”中这个办法废除了，侨汇收入都归中央。1976 年，广东地方外汇 3 亿美元，兑换人民币 6 亿多元，全归中央。这些人民币流入市场，造成广州市场供应紧张。建议中央重新执行侨汇分成的办法，并调拨一批商品，回笼货币。

胡耀邦在发言中提出：目前的形势也有困难和不利因素。最大的不利因素是，“四人帮”在政治、思想、组织方面散布的流毒和影响远远没有肃清。首先要解决“四人帮”在组织上的流毒，把领导班子整顿好。“四人帮”在思想、理论上造成的混乱，必须以极大的努力把它纠正过来。《汇报提纲》里提出的“十个要不要”很重要，很有针对性。当前，思想战线上的任务，就是要集中揭批“四人帮”。我们必须把整党整风和培训干部搞好。我们党经过 1942 年的整风，清除了王明路线的影响，全党普遍提高了马克思主义水平，加强了团结，从而取得了全国胜利。“四人帮”破坏我们十年，现在搞整党整风，办好党校，进行一次普遍的马克思主义运动。未来的十年，我们党在政治、思想、理论上将有一个极大的飞跃[①]。

方毅认为，在科技界，“四人帮”散布各种谬论，反对科技人员又红又专，反对钻研科学技术。他们动辄戴帽子、打棍子，弄得一些科技人员不敢进图书馆，不敢看外文书，不敢钻研科技，对一些科研题目不敢问津。一些科学家搞科研如犯了罪，只能偷偷地搞。“四人帮”造成的这种风气如不彻底改变，将严重影响我国科学事业的发展，并直接影响工农业生产和国防事业。我们应当承认，现在我国的科学技术水平，在一些方面同西方的差距是拉大了，我国的科技队伍处于青黄不接的状态。如不肃清“四人帮”的流毒，将影响知识分子的社会主义积极性的发挥，严重影响建设一支又红又专的科技队伍。

华北组的同志在讨论时提出：希望从各方面采取必要措施，落实知识分子政策。这些年来，有一个很值得注意的动向，许多国外的知识分子爱国热情愈来愈高，不少人希望回来工作，对祖国有所贡献。但是，“四人帮”肆意破坏党的知识分子政策，严重伤害了广大知识分子的积极性，少数知识分子又重新流往国外。目前，在如何正确对待知识分子的问题上，还有不少“四人帮”的流毒，这种状况，应早日改变。大家还提出，对“四人帮”的组织处理问题，建议中央把他们永远清除出党，依法惩办，公开批判斗争。

会议讨论热点之五：关于提前召开党的十一大及其准备工作

在中央工作会议上，与会代表讨论了两个文件，分别是中央政治局讨论通过的《中共中央关于召开党的第十一次全国代表大会的决定（草案）》和《中国共产党第十届中央委员会第三次全体会议关于王、张、江、姚反

① 参见黄一兵：《一九七七年中央工作会议研究》，《中共党史研究》2010 年第 2 期。

党集团的决议（草案）》。

大家一致拥护这两个决议。东北组的同志说：毛主席、周总理、董必武逝世后，中央政治局人数不多了。政治局是全党、全军、全国的决策机关，需要补充。另一方面，我们的中央委员会里，还有“四人帮”的余党，要把他们清理出去，使我们的党更加纯洁，更加巩固，更加坚强。

关于十一大代表的选举，是大家非常关注的问题。不少同志提出，要吸取九大、十大的历史教训，对代表的资格要认真进行审查。林彪和“四人帮”破坏党的优良传统，破坏党的作风，结帮营私。在十大时，有的人会前还不是党员，“四人帮”搞临时“突击入党”，结果，让一些坏人当了十大代表，甚至钻进了中央委员会，严重损害了党的威望。这个问题，需要在深入揭批“四人帮”的斗争中，在整党整风中，认真、彻底地清理一下。党的第十一次全国代表大会，要发扬七大的传统，严格地审查代表资格，以便更好地恢复被“四人帮”破坏的党的崇高威望，更好地发挥我们党的领导核心作用。

有的同志提出：打倒“四人帮”以后，要大兴调查研究之风，提倡唯物论辩证法，反对唯心主义、主观主义、形而上学。在整党整风运动中，在党的十一大的准备工作中，要注意抓好纯洁党的队伍的工作，特别是对各级党组织的核心的纯洁，更应该严格。还有的同志认为，选举代表，一定要从严掌握，一些屡犯错误的人，只能在全党选少数的几个人，作个代表就行了，不能各省、市、自治区都选一部分，不能把名额比例搞大了。

关于十一大召开的时间，有的同志提出：党中央准备在十届三中全会上作出对“四人帮”的政治结论和政治处理，在七八月份召开党的十一大，这个安排很适时，很必要。对“四人帮”的处理和党的十一大的召开，宜早不宜晚。有的同志还建议在8月召开党的十一大，这样可同9月毛主席逝世一周年、毛主席纪念堂建成之时联结起来。关于代表产生的程序，大家提出，是否可根据各地不同情况，召开省、市、自治区党委会、党委扩大会或党委常委扩大会。

上述不少意见被中央吸收。

二、十一大代表的产生及选举办法的确定

经过中央工作会议的讨论，中共中央于1977年3月21日发出《关于召开党的第十一次全国代表大会的决定》，对十一大代表的产生及选举办法作出规定和说明。主要内容有：

一、关于代表产生的指导思想。《决定》提出："全党必须以马克思主义、列宁主义、毛泽东思想为唯一的指导思想。要继续继承毛主席的遗志，高高举起和坚决捍卫毛主席的伟大旗帜，坚持以阶级斗争为纲，坚持党的基本路线，坚持无产阶级专政下的继续革命"。另外，还要坚决贯彻毛泽东提出的"三要三不要原则"。

二、关于代表的条件。《决定》提出：1. 所有代表都必须是中国共产党党员。2. 符合毛主席规定的接班人的五项条件，坚决贯彻执行毛主席的无产阶级革命路线，坚决拥护华主席和以华主席为首的党中央，坚决反对王张江姚"四人帮"反党集团，在无产阶级"文化大革命"中，特别是在粉碎"四人帮"的斗争中，经过考验锻炼表现好的，真正为多数群众所信任的。也要包括一些犯了严重错误，检讨得好，有改正表现，并取得群众谅解的。3. 本人历史清楚。

需要说明的是，中央工作会议在讨论《决定》草案时，吸收了与会者的意见，对代表条件第二条的有关措辞作了修改。将"也要包括一些犯了严重错误，作了检讨，愿意改正，并取得群众谅解的"一句，改为"也要包括一些犯了严重错误，检讨得好，有改正表现，并取得群众谅解的"。

三、关于代表名额的分配和分配比例。代表名额为1500名。工农兵和其他劳动人民中的党员代表应占绝大多数。代表名额的全国分配比例，参照十大，大体规定如下：产业工人中的党员代表，占30%左右；贫下中农的党员代表，占25%；解放军中的党员代表，占16%左右；其他劳动人民中的党员代表，占5%左右；革命知识分子中的党员代表，占5%左右；革命干部中的党员代表（包括中央政治局同志和在中央、党政机关工作的中央委员和候补中央委员），占19%左右。代表中的女同志，应占15%—20%以

上；在解放军、革命干部和革命知识分子的代表中，应不少于5%—10%。代表中的少数民族，应占5%—10%。代表中的老年、中年、青年有适当比例。青年和中年，一般指的是18岁至50岁。在产业工人、贫下中农和其他劳动人民的代表中，中年和青年代表应占80%以上；解放军、革命干部和革命知识分子的代表中，中年和青年代表应占60%左右。

需要说明的是，在中央工作会议讨论中共中央3月7日《关于召开党的十一次代表大会的决定（草案）》时，提出了十一大代表名额的分配草案。这1500名的代表名额，是根据十大代表名额1240名，按增加20%计算，并作了必要调整后确定下来的。如：各省的十大代表名额为908名，十一大代表名额为1088名；解放军的十大代表名额为190名，十一大代表名额为228名（包括十届中央委员、候补中央委员）；中央党政机关的十大代表名额为78名，十一大代表名额为94名；中央政治局和在京中央委员的十大代表名额为50名，十一大代表名额为70名；留给中央党政军机关的机动人数的十大代表名额为14名，十一大代表分配数为20名。

四、关于代表产生的办法。《决定》提出，按照民主集中制的原则，经过充分酝酿，民主协商，选举产生。选举代表要结合深入揭批“四人帮”的斗争和整党整风精神进行。代表产生的程序，可根据各地的不同情况，采取:（1）召开省、市、自治区党委会、党委扩大会或常委扩大会（扩大的范围和人数自定），经过充分民主协商，提出代表候选人名单。（2）将拟定的代表候选人，分别征求其所在单位党内外的群众意见，也可以在本地区党内外群众中征求意见。（3）然后在省、市、自治区党委扩大会上，选举产生正式代表，报中央审批。中央党政机关代表产生的程序，可参照上述办法进行。人民解放军代表的产生，由中央军委和各军种、各大军区参照上述办法，通过民主协商，选举产生，报中央审批。各省、市、自治区党委，各大军委党委，中央和国家机关各部委、领导小组或党的领导核心小组，军委各总部、各兵种党委及其第一把手，要加强领导，严格按照中央分配的名额、代表的条件和产生代表的原则，认真做好代表的选举工作。

五、关于代表产生的时间。1977 年 6 月中旬前，将代表名单报到中央。[①]

《关于召开党的第十一次全国代表大会的决定》发出后，各级党组织即按照中央要求，为提前召开党的十一大作了积极的准备。

① 李君如主编:《中国共产党历次全国代表大会研究》，东方出版中心 2007 年版，第 259—261 页。

第三章　党的十届三中全会与党的十一大的筹备

1977 年 3 月召开的中央工作会议通过了关于提前召开党的十一大的决定，这个决定随后被 7 月召开的十届三中全会批准。党的十一大筹备工作由此拉开了帷幕。

一、十届三中全会的召开与邓小平再次复出

1977 年 7 月 16 日至 21 日，中国共产党第十届中央委员会第三次全体会议在北京召开。经中央政治局确定，参加十届三中全会的中央委员 133 名，候补中央委员 94 名，共 227 名。除刘伯承因病请假外，全部到会。另有 14 名地方和军队的主要负责同志列席了会议。会议分组名单如下（在京政治局同志未编入各组）：

华北组（40 人），召集人：秦基伟、刘子厚、丁国钰、黄华

东北组（36 人），召集人：李德生、曾绍山、耿飚、于洪亮

华东组（41 人），召集人：彭冲、白如冰、李志民、曾思玉

中南组（41 人），召集人：许世友、韦国清、刘建勋

西南组（36 人），召集人：赵紫阳、安平生、王必成、李葆华

西北组（34 人），召集人：赛福鼎、李瑞山、韩先楚、姬鹏飞

7 月 16 日下午，十届三中全会开幕，华国锋致开幕词。他在谈到会议召开的背景和任务时说：这次中央全会，是在我们党取得粉碎王洪文、张春桥、江青、姚文元“四人帮”反党集团的伟大胜利之后，在贯彻落实党中央抓纲治国战略决策的大好形势下，在党的第十一次全国代表大会即将举行的前夕召开的。这次中央全会，实际上是党的十一大的预备会议。“在

去年十月粉碎‘四人帮’及其以后的一段时间里，我们党和国家处在一个非常时期，召开党的十届三中全会的条件还不具备。所以，有关粉碎‘四人帮’和粉碎‘四人帮’后的一切重大决策和措施，都是由中央政治局决定，并领导全党付诸实施的。只有在经过了这一段的紧张工作，及时地妥善地处理了国内外一系列紧迫、重大的问题之后，我们才有可能召开这次中央全会。”“这次会议的任务是，从政治上、思想上和组织上为党的第十一次全国代表大会的胜利召开，做好充分的准备。”

华国锋在讲话中没有再提“两个凡是”，但仍强调“以阶级斗争为纲”和“坚持无产阶级专政下的继续革命”，认为粉碎“四人帮”九个多月来中央的政治路线和组织路线、中央的决策和措施是正确的，再次强调“抓纲治国，达到天下大治”。讲话还说：“今年三月，中央关于提前召开党的第十一次全国代表大会的决定，得到全党同志的热烈拥护和坚决支持。三个多月来，在中央和各级党委的领导下，经过全党同志的努力，现在，有关召开党的十一大的各项准备工作已基本就绪。中央考虑，这次三中全会之后，在今年适当的时候，就召开党的第十一次全国代表大会。”

十届三中全会的议程分两段进行。第一段，讨论并通过关于人事和组织方面的三个决议草案：中国共产党第十届中央委员会第三次全体会议关于追认华国锋同志任中国共产党中央委员会主席、中国共产党中央军事委员会主席的决议（草案），关于恢复邓小平同志职务的决议（草案），关于王洪文、张春桥、江青、姚文元反党集团的决议（草案）。第二段，讨论并通过党的十一大的政治报告、关于修改党的章程的报告和中国共产党章程修改草案。

7 月 17 日晚，在华国锋的主持下，十届三中全会召开全体会议，对三个决议进行充分讨论。全会通过了《关于追认华国锋同志任中国共产党中央委员会主席、中国共产党中央军事委员会主席的决议》。

全会通过了《关于恢复邓小平同志职务的决议》，决定恢复邓小平的中共中央委员、中央政治局委员、常委、中共中央副主席，中央军事委员会副主席，国务院副总理，中国人民解放军总参谋长的职务。

全会还通过了《关于王洪文、张春桥、江青、姚文元反党集团的决议》，决定开除王洪文、张春桥、江青、姚文元的党籍，撤销他们的党内外一切职务，认为“我们党同王张江姚反党集团的斗争，是我们党历史上第十一次重大的路线斗争”。

十届三中全会最重要的成果，是邓小平再次复出，担任中央党政军领导职务。7 月 21 日，邓小平在会上作了复出后的第一次正式讲话。他首先表达了对为中国革命作出伟大历史贡献的毛泽东的崇敬之情，对领导粉碎和揭批“四人帮”的党中央的拥护。他坦诚地表达了出来工作的态度，说：作为一名老的共产党员，还能在不多的余年里为党为国家为人民做一点力所能及的事情，在我个人来说是高兴的。出来工作，可以有两种态度，一个是做官，一个是做点工作。我想，谁叫你当共产党人呢，既然当了，就不能够做官，不能够有私心杂念，不能够有别的选择，应该老老实实地履行党员的责任，听从党的安排。

邓小平在讲话中再次强调了如何正确坚持毛泽东思想的问题。他指出：马克思列宁主义、毛泽东思想，是我们党的指导思想。毛泽东思想继承和发展了马克思列宁主义。我说要用准确的完整的毛泽东思想作指导的意思是，要对毛泽东思想有一个完整的准确的认识，要善于学习、掌握和运用毛泽东思想的体系来指导我们各项工作。只有这样，才不至于割裂、歪曲毛泽东思想，损害毛泽东思想。“我们可以看到，毛泽东同志在这一个时间，这一个条件，对某一个问题所讲的话是正确的，在另外一个时间，另外一个条件，对同样的问题讲的话也是正确的；但是在不同的时间、条件对同样的问题讲的话，有时分寸不同，着重点不同，甚至一些提法也不同。所以我们不能够只从个别词句来理解毛泽东思想，而必须从毛泽东思想的整个体系去获得正确的理解。”“作为伟大的马克思主义者，毛泽东同志多次反对对他本人的一些不适当不科学的评价，经常教育我们正确理解人民与领导人或领袖的关系。毛泽东思想不是在个别的方面，而是在许多领域发展了马克思列宁主义。毛泽东思想是个体系，是发展了的马克思主义。所以我建议，除了做好毛泽东著作的整理出版工作之外，做理论工作的同志，要花相当多的功夫，从各个领域阐明毛泽东思想的体系。要用毛泽东思想的体系来教育我们的党，来引导我们前进”[①]。

讲话还谈到了党的建设的问题，强调实事求是和群众路线。邓小平指出：把列宁的建党学说发展得最完备的是毛泽东同志。毛泽东同志对于建立一个什么样的党，党的指导思想是什么，党的作风是什么，都有完整的一套。毛泽东同志倡导的作风，群众路线和实事求是这两条是最根本的东西。当然民主与集中的关系，自由和纪律的关系，都是很重要的。对我们党的现状来说，群众路线和实事求是特别重要。毛泽东同志是彻底的唯物主义者，他充分信任群众，历来反对不信任群众、不依靠群众。对群众的议论，毛泽东同志是非常注意的。毛泽东同志善于从群众的议论当中发现问题，提出解决问题的方针和政策。邓小平还提出：我为什么说实事求是在目前重要呢？要搞好我们的党风、军风、民风，关键是要搞好党风。“四人帮”确实把我们的风气搞坏了。他们弄得我们党内同志不敢讲话，尤其不敢讲老实话，弄虚作假。甚至于我们有些老同志也沾染了这些坏习气，这是不应该原谅的啊！我们只要充分信任群众，实事求是，发扬民主，把毛泽东同志的建党学说和党的一整套作风恢复起来，发扬起来，那么，毛泽东同志所说的那样一种政治局面，就一定会达到。有了那样一种政治局面，我们什么风险也能够经受得住。我们要创造这样一种政治局面，在党中央领导下，全党、全军和全国人民团结起来，既有统一意志，又有个人心情舒畅，生动活泼，什么问题都可以摆到桌面上来，对领导人有意见，也可以批评。

邓小平的讲话，语言朴素平实，但展现出深刻的思想内涵，有力抵制了“两个凡是”的影响。它后来收入《邓小平文选》第二卷，题为《完整地准确地理解毛泽东思想》。当后人研究党在指导思想上拨乱反正的历程时，总会提到这个充满辩证唯物主义和历史唯物主义光辉的名篇。

---

① 《邓小平文选》第2卷，人民出版社1994年版，第42—43页。

党的十届三中全会会场。

党的十届三中全会通过了恢复邓小平领导职务的决议。邓小平在讲话时，针对“两个凡是”的错误观点，指出必须完整准确地理解毛泽东思想。

二、对十一大政治报告稿四个理论问题的探讨

十届三中全会的另一个重要议程，是讨论1977年7月15日中央政治局基本通过的党的十一大政治报告稿。

报告稿的第一部分提出："四人帮"全面篡改毛主席无产阶级专政下继续革命的伟大理论，篡改党在整个社会主义历史阶段的基本路线，特别集中在以下几个问题上，制造了许多思想混乱。文稿提出了需要批判的四个重大理论问题。

一是关于党内走资派的问题。报告稿说：社会主义社会的主要矛盾，是无产阶级和资产阶级的矛盾，社会主义道路和资本主义道路的矛盾。这个矛盾反映到执政的共产党内，就会产生党内走资本主义道路的当权派。在生产资料私有制的社会主义改造基本完成，无产阶级在政治思想战线上反对资产阶级的斗争也取得很大胜利的情况下，资产阶级被剥夺了政治资本，党内走资派就成为复辟资本主义的主要危险。社教运动和无产阶级"文化大革命"的运动重点，是"整党内那些走资本主义道路的当权派"；"搞社会主义革命，不知道资产阶级在哪里，就在共产党内，党内走资本主义道路的当权派"。这个科学论断，对于无产阶级专政下的继续革命，有极其重要的指导意义。报告稿说：毛主席把划分两类矛盾的学说运用于同走资派的斗争，指出：在犯过走资派错误的人们中，死不改悔的是少数，可以接受教育改正错误的是多数人，不要一提起"走资派"，就认为都是坏人。这是毛主席关于党内斗争的学说在社会主义时期的发展。报告稿还说：毛主席说的资产阶级就在党内，指的就是党内一小撮走资派，也就是资产阶级在党内的代表人物，而不是说我们党内有一个资产阶级。我们是无产阶级的政党，我们党的绝大多数老干部，是无产阶级革命派，而不是资产阶级民主派。

二是关于资产阶级法权的问题。报告稿说：社会主义社会还存在一部分资产阶级法权。如何认识和正确处理这一部分资产阶级法权，是无产阶级专政下继续革命的一个重要理论问题和实践问题。限制资产阶级法权是同巩固无产阶级专政、防止资本主义复辟的问题有密切联系的。资产阶级

法权这个社会主义制度内部的不平等因素，如果处理不当，不加以限制，就会成为发展资本主义的条件，转化为外部的对立。因此，限制是必需的。但是，这部分资产阶级法权在整个社会主义历史阶段是不可避免的东西，是不能随意取消的。限制资产阶级法权，不能过急。所谓限制，本身就包含保护。我们要有限制的自觉性，又要看到只有到共产主义社会，这种资产阶级法权才能归于消灭。我们党历来不实行对少数人的高薪制度，并且逐步缩小干部同群众之间个人收入的差距，要求干部坚持参加集体生产劳动，在群众中以普通劳动者的状态出现，防止干部脱离群众，产生贵族阶层。对于广大人民群众，在思想教育上大力提倡共产主义劳动态度，在经济政策上实行社会主义的按劳分配和逐步扩大集体福利的原则。对于工农差别、城乡差别、体力劳动同脑力劳动的差别，在大力发展社会主义经济和文化的过程中逐步加以缩小。当然，资产阶级法权问题，无论在理论上和在实践上，都是一个复杂的问题。我们全党还要在这方面不断总结和发展我们的经验，不断地有所改革，使我们的工作做得更好。“四人帮”打着“限制资产阶级法权”的旗号，借题发挥，大做反革命文章。正如他们把参加过民主革命而现在又担负领导工作当作划“走资派”的政治标准一样，他们荒谬地把职务高、工资多，当作划“走资派”的经济标准。他们故意把党政军领导干部和广大群众在分配上存在的差别，同阶级剥削混为一谈，为他们炮制的党内军内有“一个资产阶级”的谬论提出所谓经济上的证据。这完全是颠倒是非，混淆黑白。“四人帮”在资产阶级法权问题上搞的这一套，不过是他们提出的老干部是“民主派”，“民主派”就是“走资派”这个反革命政治纲领的一个组成部分。

三是关于唯生产力论。报告稿说：唯生产力论是一种修正主义谬论。唯生产力论的实质就是取消革命，只讲发展生产力，否认阶级斗争，反对在上层建筑和生产关系领域进行革命。对这种修正主义谬论，必须进行批判。但是，批判唯生产力论，绝不是不要发展生产力。把坚持社会主义道路，大力发展生产力，说成是“唯生产力论”，这是对马克思主义的蓄意歪曲。“四人帮”打着反对“唯生产力论”的旗号，竭力破坏生产，破坏社会主义经济。他们把周总理根据毛主席指示提出的建设社会主义现代化强国的宏伟目标，咒骂为“唯生产力论”和“复辟资本主义”，攻击坚持抓革命、促生产的领导干部是“唯生产力论”的“走资派”。他们诬蔑广大干部和工农群众坚守岗位、努力生产、大干社会主义是“给走资派脸上贴金”。他们妄图造成全国性的经济瘫痪，借以实现他们篡夺党和国家最高权力的阴谋。这才是他们真正的反革命的政治目的。

四是关于无产阶级在各个文化领域的专政问题。报告稿说：我们对社会主义社会的阶级斗争在思想文化领域中的长期性、激烈性和复杂性要有充分的认识。单有无产阶级在政治领域的专政还不够，还要有无产阶级在思想文化领域的专政，这样，才是无产阶级在上层建筑领域对资产阶级的全面的专政。革命的根本问题是政权问题。凡是要推翻一个政权，总要先造成舆论，总要先做意识形态方面的工作。革命的阶级是这样，反革命的阶级也是这样。无产阶级在思想文化领域对资产阶级专政的重要性，就在这里。什么是无产阶级在各个思想文化领域对资产阶级的专政呢？这就是无产阶级要夺取在一切思想文化领域的领导权，把一切舆论工具和文化阵地牢牢地掌握在无产阶级手里，彻底批判各种资产阶级反动思想，灭资兴无。

政治报告稿所阐述的四个理论问题，实际上也是社会主义建设时期的重大实践问题，既涉及“四人帮”混淆是非、混淆敌我的极左思想，也和党内存在的“左”的束缚和毛泽东晚年错误有关。由于阶级斗争的严重扩大化，“文化大革命”所打倒的“走资派”，是党和国家各级组织中的领导干部，是社会主义事业的骨干力量。在“批邓、反击右倾翻案风”中，“四人帮”更是把老干部视为夺取最高领导权的障碍，提出“老干部是民主派，民主派就是走资派”的荒谬公式，宣称“资产阶级就在共产党内”，老干部的百分之七十五都是民主派，民主派发展到走资派是客观的必然规律。这些谬论是对党的性质的严重歪曲。此外，由于对马克思和列宁著作中某些设想和论点的误解和教条化，认为社会主义社会在消费资料分配中通行的等量劳动相交换的平等权利，即马克思所说的“资产阶级法权”（后译为“资产阶级权利”）应该限制和批判，因而按劳分配原则和物质利益原则就应该限制和批判。“四人帮”批判所谓“唯生产力论”，其实质就是否定生产力在历史发展中的作用，把阶级斗争视为比生产力的发展更为根本的东西。“四人帮”把这种马克思主义的根本观点诬蔑为“唯生产力论”，并以此为政治棍棒横行肆虐，给国民经济的发展造成极大的危害。但在坚持“文化大革命”和“无产阶级专政下继续革命的理论”的前提下，受“两个凡是”的影响，政治报告稿对上述问题的阐述，更多的是从现象上揭露“四人帮”所造成的破坏和恶劣影响，没有能够从政治、思想、理论和历史的高度进行透彻的澄清和批驳。

据邓力群回忆：“这一时期，我们看到毛著编委会办公室负责同志主持起草的一个党内文件的讨论稿。这个稿子对‘四人帮’的批判，有不少是好的。第一部分专门讲了四个理论问题：关于党内走资派的问题，关于资产阶级法权的问题，关于唯生产力论的问题，关于无产阶级在各个文化领域的专政的问题。他们的有些论点，同当时理论界对于‘四人帮’的反动理论的批判很不一致，甚至相抵触。读后给人留下一个印象，就是有的地方是搞折衷主义，采取批判‘四人帮’的形式来维护‘文革’中的一些错误观点。这里，不准备详细分析他们在这四个理论问题上的错误，只想指出一点，就是他们没有达到当时理论界已经达到的水平，没有反映全党同志在同‘四人帮’的斗争中所取得的认识。”① 从邓力群提及的四个理论问题看，这份党内文件的讨论稿，即是十一大政治报告讨论稿。

在十届三中全会讨论十一大政治报告稿之前，如前文所述，经济理论界已经开始对否定按劳分配、批判“资产阶级法权”和“唯生产力论”等极左观点进行讨论和批驳。中央党校创办的《理论动态》，除了在第1期、第3期发表《“继续革命”问题的探讨》和《列宁关于正确对待马克思主义原理的一段精辟论述》外，还在第5、第6期发表《“四人帮”关于民主派问题的谬论必须深入批判》和《按劳分配是否必然产生资产阶级分子问题的探讨》。这些文章直面亟需澄清的现实问题，恰恰又是十届三中全会讨论

① 邓力群：《同“两个凡是”的论争》，1979年9月12日，参见《邓力群文集》第1卷，当代中国出版社1998年版，第254—255页。

的重点。社会各界对理论问题的探讨，引发了十届三中全会代表们的关注、思考，甚至是共鸣。这从他们对政治报告稿的热烈讨论中可以看得出来。

关于党内走资派问题，代表们提出：（1）建议把资产阶级和党内走资派这两者之间的关系阐述清楚，更有力地驳斥“党内有一个资产阶级”的谬论。（2）要讲清楚什么是党内走资派。识别党内走资派的根本标准应是毛主席提出的三项基本原则，不能把总的讲是坚持社会主义道路，但犯有局部的、暂时的错误的人都叫作走资派或犯走资派错误。（3）政治报告稿没有着重批“党内资本主义”的谬论，也没有点出“四人帮”恶毒制造的“党内资产阶级”这个词，建议加以补充。（4）鉴于“四人帮”散布的“军内也有一个资产阶级”的谬论流毒较广，建议批判“党内有一个资产阶级”的谬论时一起加以批驳。

关于资产阶级法权问题，代表们认为：（1）“四人帮”名曰限制资产阶级法权，实际鼓吹取消，把资产阶级法权说成可以任意加以限制和取消的纯属主观意志决定的问题；把资产阶级法权所保障的分配上的不平等与剥削混为一谈。这些搞乱了人们思想的问题，最好能进一步批驳澄清。（2）“四人帮”把资产阶级法权同走资派混为一谈，把分配上的差异和经济剥削完全等同起来，目的是要打倒一大批党政军负责同志，篡党夺权。建议对这个问题，写得更突出一些。（3）对生产力和生产关系、上层建筑和经济基础的辩证关系，对资产阶级法权的保护和限制的辩证关系，从理论上再讲透彻一些。（4）报告中谈到资产阶级法权问题时，要多强调一下社会主义的按劳分配原则，这样有利于调动群众的积极因素。（5）对于姚文元散布的“资产阶级法权是产生资本主义的经济基础”的谬论，也应进行批判。

关于唯生产力问题，有的代表建议删去“唯生产力论是一种修正主义谬论”等相关内容。对十一大报告草稿批判“唯生产力论”，邓小平表示不赞成，指出：“应该倒过来说”，应该发展生产力。他后来在 7 月 27 日同中国科学院负责人谈话时指出：说“唯生产力论”是修正主义的谬论，并以此作为前提，这不行。

关于无产阶级在文化领域的全面专政问题，代表们提出：（1）建议政治报告中不用“全面专政”的提法，并对张春桥的“论全面专政”的文章加以批判。（2）建议把毛主席过去对文化工作的指示完整地表达一下。我们这个民族有几千年丰富的文化遗产，在工农兵占领文艺舞台以后，也要有历史题材的作品，文化艺术应该丰富多彩一些。（3）建议在关于知识分子的论述中，提一下“工人阶级知识分子”。（4）“四人帮”对教育革命的破坏很大，报告稿只写了一句，建议写充分。

有的代表认为，关于资产阶级法权的问题，关于唯生产力论的问题、关于无产阶级在各个文化领域的专政问题，学术界的讨论，在批“四人帮”问题上是一致的，但对某些理论问题的认识上不尽一致，争论很多。在政治报告中，对“四人帮”的反动谬论，必须批深批透，不能含糊。但对学术界提出的有待进一步深入探讨的理论问题，不要轻易下定义，不要急于作结论。政治报告作了结论，学术界就不好争鸣了。

还有代表说：后三个理论问题要完全说清楚，文字就比较长，而且在短时间内也不可能写得天衣无缝，那么完全。政治报告又不像党章那样拿到群众中去征求意见，再从群众中来。而这几个问题被“四人帮”搞乱了，究竟对或不对，现在争论得很激烈。如果写不清楚，写不完全，而又放到政治报告中去讲，人家就不好再争论、发展和充实了。因此，后三个问题可以不写在十一大的决议里面，而作为内部文件，即采取斯大林在苏共第十九次代表大会上关于社会主义经济问题的讲话的办法。

有的同志提出：关于几个理论问题，建议除走资派的问题外，其他三个问题，成熟了就讲，还不成熟的问题就暂时不讲。

谷牧在发言中说：建议在几个理论问题之外，增加一个题目，专讲无产阶级的纪律性，把“四人帮”在这方面的谬论集中一起批一下。纪律是执行路线的保证，革命导师强调无产阶级要有铁的纪律。

十届三中全会在一定程度上吸收了小组讨论的结果。虽然政治报告稿仍坚持批“走资派”“资产阶级就在党内”“无产阶级专政下继续革命”等错误观点，认为“无产阶级专政下继续革命的理论”是“当代马克思主义最重要的成果”，但在内容上也作了不小的修改和压缩，删去了专门论述批“唯生产力论”、批“资产阶级法权”和“无产阶级在各个文化领域实行专政”的段落。政治报告稿没有对四个理论问题作出明确结论，为后来理论上的拨乱反正留下了空间。

除了四个理论问题外，代表们还对政治报告稿提出了一些具体的建议和意见。主要有：（1）报告讲到要加强公安工作和社会主义法制，过去砸烂公、检、法，对公安战线影响很大，流毒甚深。在今年（1977年）3月中央工作会议上，有的同志说，砸烂公检法是江青提出来的。如果是这样，就应当对江青的谬论进行批判，以澄清混乱思想。（2）召开五届人大是国家大事，建议在政治报告中提一下。（3）革命委员会由革命的领导干部、军队代表和群众代表三结合组成。这是毛主席定的。今后这种组织形式还要不要？（4）建议在整顿领导班子一条中，写上“立党为公”和“任人唯贤”的干部路线。（5）报告中强调党的各级领导干部要认真学习马列主义理论，建议写上要求各级领导干部都要学一点技术和业务的内容。（6）建议十届三中全会作出决定，责成一位中央负责同志挂帅，组成强有力的班子，抓紧把党史、军史编写出来。（7）在谈到“抓革命、促生产”时，是否要把发展社队企业写上？等等。这些意见受到中央的重视，后来被吸收到了十一大报告中。

三、对党章修改草案的讨论和对党的建设问题的关注

十届三中全会在讨论党章修改草案时，提出了不少意见，体现了党的高级领导干部对党的建设的高度关注。

有的同志提出：叶剑英关于修改党的章程的报告稿，讲到了“四人帮”搞“双突”，数量很大。建议把“双突”的问题多讲几句，指出它的危害，以引起重视。党章修改草案中，建议增加大兴调查研究之风的内容。对于党的高级代表大会和各级委员会的人选条件，建议加上从三大革命运动中有一定实践经验，能密切联系群众，有威信的优秀党员中挑选的意思。邓颖超提出：这次选举十一届中央委员会，和今后选拔到高级机关做领导工作的干部要很好地审查历史，不能把有问题的人提到高级领导机关。这一

点要引为深刻沉痛的教训。

华北组的代表说：党章草案增加了“要求党员做到”的内容，规定了党员的预备期和设立党的纪律委员会，重申和增写了党的民主集中制等方面的问题，这都是非常重要的。大家希望，党的十一大以后，广泛地、经常地在全党进行党章教育，进一步加强党的建设。有的同志建议在“对党忠诚老实”之后，加上“实事求是，讲老实话”。还有的同志提出：在党章修改草案中加上党员入党应举行入党仪式。

有的同志说：在党的组织制度中，集中讲的多，民主讲的少了一点，建议参照七大党章的有关内容加写。姚依林提出：在“一定要发扬民主，健全民主集中制”一条内，加上“知无不言，言无不尽，言者无罪，闻者足戒”，“有则改之，无则加勉”。有的同志还建议在党章中写上实行群众路线的内容，明确规定中央机关和省直机关设立党委。

对党的建设问题的关注，以 7 月 20 日粟裕在华东组的发言最有代表性。他说：中央决定把王张江姚永远开除党籍，撤销他们党内外一切职务，大快人心。现在，中央对他们作出了政治结论，坚决地作出了组织处理，从组织上把他们永远清除出党，这真是一件天大的好事。十年猖獗，一朝覆灭，历史辩证法就是如此，“四人帮”终究逃不脱历史的惩罚。他提出：历史的经验值得注意。长期以来，“四人帮”搞修正主义、搞分裂、搞阴谋诡计，始终把矛头对准我们党，疯狂地破坏党，残酷地打击党的领导干部，借以篡夺党和国家最高领导权。我们要从这个严酷的事实总结经验，不断增强党的力量，加强党的领导。一、要坚决捍卫毛主席的建党思想，牢固地树立党在各方面的领导权。“中国共产党是全中国人民的核心。没有这样一个核心，社会主义事业就不能胜利。”“四人帮”同样懂得，要颠覆无产阶级专政，搞垮社会主义，首先就要搞垮我们的党。“四人帮”“颠倒社会主义历史时期的敌我关系，提出老干部是‘民主派’，‘民主派’就是‘走资派’的反革命政治纲领，就是要把坚持毛主席革命路线的党政军领导干部统统打倒，就是要把党的中坚和骨干力量摧垮，从而把我们的党彻底摧垮”。“林彪和‘四人帮’两个反党集团的被粉碎，一方面说明了我们党是不可战胜的；同时也说明了坚持党的领导的极端重要性。由于‘四人帮’的破坏，不少地方和单位，党的领导作用被削弱了，党的组织似乎是可有可无的，干部、党员中党的观念很淡薄，需要在继续深入揭批‘四人帮’的斗争中认真解决好。”二、要坚决捍卫毛主席的建党原则和根本制度，保持和发扬党的优良作风。“四人帮”出于篡党夺权的需要，既篡改党的基本路线，又破坏党的政治路线、组织原则。他们利用特权，肆意破坏党规党法，破坏党的干部政策，大搞“突击入党”“突击提干”，提拔重用那些卖身投靠、投机政客、打黑报告、告黑状的人，造成了许多地区和单位组织严重不纯。他们让一些不是党员的人当十大代表，甚至把一些坏人塞进了中央委员会，严重损害了党的威望。“四人帮”肆意践踏党的民主集中制原则，摧残党内民主生活，在“大民主”的旗号下搞打倒一切。这从反面教育了我们，必须坚持发扬党内民主，坚持实行党的民主集中制，必须同一切破坏党内民主、破坏民主集中制的行为进行坚决斗争。要通过深入揭批“四人帮”，在全党特别是在高级干部中加强教育，提高自觉性，要作坚持遵守民主集中制、遵守党的纪律、接受党的监督的模范。三、坚持立党为公，绝不容许结帮营私。要从组织上采取坚决措施，特别是要通过揭批，清除“四人帮”结帮营私、结帮篡党那一套的流毒影响，树立起立党为公的正气。这些年来，主要由于“四人帮”的破坏影响，立党为公、任人唯贤的正气不伸、不香，搞山头、搞宗派、任人唯亲的歪风不臭，在有些地方和单位还有所发展。这种歪风，虽然性质还不同于“四人帮”的结帮营私，但都是同我们党的优良传统、同立党为公的原则相违背的。我们要有所警惕，不能容许这种歪风损害我们党的优良作风，不能听其发展，否则，也是危险的。粟裕的发言，中央办公厅于 7 月 21 日以全会简报（总 26 号）印发，分送中共中央主席、副主席，中央政治局参加会议的同志[①]。

7 月 21 日，党的十届三中全会闭幕。全会批准 3 月中央工作会议关于提前召开党的十一大的决定，一致通过《关于召开党的第十一次全国代表

① 《粟裕文选（1949.10—1984.1）》第 3 卷，军事科学出版社 2004 年版，第 598—602 页。

大会的决议》。《决议》指出：党的十届三中全会完全同意中央政治局关于提前召开中国共产党第十一次全国代表大会的决定，完全赞同中央政治局为召开这次代表大会所做的各项准备工作。全会决定，党的第十一次全国代表大会的议程是：（一）中央委员会的政治报告。（二）修改中国共产党章程和关于修改党的章程的报告。（三）选举中央委员会。全会基本通过中央政治局为党的十一大准备的三个文件：华国锋代表中央委员会作的政治报告、叶剑英代表中央委员会作的关于修改党的章程的报告、中国共产党章程修改草案，并委托中央政治局对这三个文件进行最后的文字修改工作。党章修改草案印发各地区、各部门，在党内征求意见。党的第十一次全国代表大会在 1977 年适当的时候开，具体时间由中央政治局确定。

随后，中央于 7 月 25 日发出通知。通知称：各省、市、自治区党委，各大军区党委，中央和国家机关各部委党委、领导小组或党的核心小组，军委各总部、各军兵种党委：根据十届三中全会的决定，现将中国共产党章程修改草案发给你们，请你们在本地区、本部门召集党内从领导到基层有代表性人员参加的座谈会，征求意见，并请于 8 月 10 日以前将修改意见汇报中央。

就在中央发出通知前几天，姚依林致信陈云，对党章修改草案提出具体意见。主要有：将七大党章中的一些条文，择其要点补入新党章。如第三条党员权利中应补充党员有在党的会议和党的刊物上参加关于党的政策实施问题的自由而切实的讨论权，有党内的选举权和被选举权，有向党的任何机关直至中央提出建议和声明的权利，有在党的会议上批评党的任何工作人员的权利。第二十三条党的各级领导机关中应补充，党的各级领导机关必须遵照党内民主的原则进行工作。第三十三条中央委员会中应补充，中央全会由中央政治局每半年召集一次，但中央政治局得按情况延期或提前召集会议；候补中央委员要出席全会，并有发言权①。姚依林的这封信，反映了党的高级领导干部对党章修改工作的高度重视。

---

① 中央文献研究室编：《陈云年谱（修订本）》下卷，中央文献出版社 2015 年版，第 235 页。

从1977年3月中央工作会议到1977年7月十届三中全会的议程和讨论情况来看，党中央对十一大的召开进行了严肃认真的筹备，同时，也吸取了党的九大、十大的历史教训。1968年10月，为了九大召开而作准备的八届扩大的十二中全会，是在党内生活极不正常的情况下进行的。1969年4月九大召开时，各省、市、自治区党委乃至基层党组织大都没有恢复，绝大多数党员没有恢复组织生活，许多九大代表不是通过选举产生的，而是由革委会同各造反派组织负责人协商解决，或直接由上级部门指定。党的十大筹备问题最早在1973年3月中央政治局会议上提了出来，同年5月中央工作会议确定了修改党章的原则和方法、代表产生办法和代表名额问题。十大的筹备工作原本要经九届三中全会进行讨论，但后来成立了一个十大选举准备委员会，九届三中全会被取消。十大代表没有经过省级党的代表大会或代表会议选举产生，而是通过“协商”，由党委扩大会议选举产生，这样“四人帮”就可以通过“双突”，把他们的骨干分子、帮派体系骨干塞进代表行列。九大、十大代表的产生和选举方式存在很多问题，从而导致严重的组织不纯。十届三中全会注意到了这些问题，并采取措施予以防范，从而维护了党代会的程序性、规范性和民主原则，维护了党代会的权威性。

党的十届三中全会作出的各项决策，特别是关于重新恢复邓小平职务的决定，得到全党和全国各族人民的热烈拥护。7月22日晚8时，当广播电台传来十届三中全会公布的消息时，聚集天安门广场的成千上万的民众高声欢呼，掌声雷动。不少人自发走上街头，表达喜悦之情。7月23日，《人民日报》、《红旗》杂志、《解放军报》发表社论《历史性的会议》。这一天，尽管北京大雨滂沱，首都100多万军民冒雨举行了庆祝游行，工人体育场举行了10万人参加的盛大集会，热烈欢呼党的十届三中全会的召开。“全国各地也纷纷举行庆祝会。人们用‘英明的决策、伟大的胜利’来称颂全会，用‘全党欢呼，全军振奋，人民欣慰！’这样的词句表达对邓小平重新恢复工作的拥护。”①

① 《中国共产党历史》第二卷（1949—1978），中共党史出版社2011年版，第1004页。

第四章　中国共产党第十一次全国代表大会的召开

一、预备会议与十一大主席团的组成

经过中央工作会议和十届三中全会的准备之后，1977 年 8 月 12 日至 18 日，中国共产党第十一次全国代表大会在北京举行。

在大会的前一天，1977 年 8 月 11 日下午 4 时，党的十一大预备会议在人民大会堂召开。预备会议由华国锋主持，叶剑英、邓小平、李先念、陈锡联、纪登奎、汪东兴、吴德、许世友、韦国清、陈永贵、李德生、吴桂贤、苏振华、倪志福、赛福鼎等人出席。应到会代表 1510 名，除刘伯承等 8 位同志因病、因事请假未能出席外，实际出席会议的代表为 1502 名。

在预备会议上，华国锋就党的十一大的准备工作、大会主席团以及大会秘书处的设立、各代表团的组成、大会的议程和开法等作了报告。

第一个问题，关于大会的准备工作。报告说：自从今年 3 月中央决定提前召开党的十一大，并下发了《中共中央关于召开党的第十一次全国代表大会的决定》以后，各级党委都认真地向全党同志作了传达动员，紧张地进行了准备工作，主要是选举出席十一大的代表。5 个月来，全党全军全国各条战线进一步深入开展揭批“四人帮”的伟大斗争，清查了和“四人帮”反党阴谋活动有牵连的人和事。在斗争中，调整和加强了各级领导班子。在此基础上，各省、市、自治区，人民解放军和中央党政机关，都按照中央文件的规定，严格执行党的民主集中制，认真贯彻群众路线，经过反复酝酿协商，召开党委、党的核心小组或领导小组扩大会议，正式选举产生了出席十一大的代表。7 月中旬，中央召开了十届三中全会，讨论并通过了关于人事和组织方面的三个决议，讨论并基本上通过了中央委员会的政治报告、关于修改党的章程的报告和党章修改草案，为十一大的召开从政治上、思想上、组织上作好了准备。十届三中全会后，吸收大家的合理意见，对政治报告、修改党章的报告，作了修改。党章修改草案，十届三中全会后，印发给中央各部门、各地区和军队，广泛征求了党内从领导到基层各方面的意见，也作了修改。在组织方面，中央也做了大量工作。中央认为，这次十一大的准备工作是充分的，是好的。

第二个问题，关于大会主席团、大会秘书处和代表团的组成。报告说：党的全国代表大会是党的最高权力机关，大会主席团领导大会的进行。因此，选举主席团是一项极为严肃的事情。经中央政治局讨论，提出了一个 223 名的主席团名单，其中有主席团主席 1 名，副主席 4 名，秘书长 1 名。主席团成员中，有中央和地方党委的领导同志，也有工农兵、革命知识分子和少数民族代表；有地方同志，也有军队同志；有老年、中年和青年，还有 27 名女同志。这样，主席团成员中就包括了各方面的同志，有着广泛的代表性。

为了保证大会的顺利进行，做好大会的各项工作，成立了大会秘书处，下设会务、简报、宣传、保卫和总务 5 个组，配备了必要的工作人员，在大会秘书处的领导下，分工负责为大会服务的各项工作。为了便于进行讨论和其他活动，30 个省、市、自治区的代表同志，各组成一个代表团，党中央直属机关、国家机关和军队系统的代表同志，各组成一个代表团，共 33 个代表团。台湾省代表团只有 4 位同志，除自己单独召开必要的会议外，一般可随福建省代表团活动。各个代表团由正副团长领导。

第三个问题，关于大会的议程和开法。报告提出：大会的议程即十届三中全会一致通过的三项议程：中央委员会的政治报告；修改党的章程的报告和党章修改草案；选举中央委员会。由于这次大会准备工作做得比较充分，加以当前任务繁重，8 月下旬，万斯和铁托来访，中央领导同志要忙于外事活动，这次大会想开的简单紧凑些。准备开 7 天，十一届一中全会开一天，加上预备会议，共9天。

在预备会议上，由223名代表组成十一大的主席团。华国锋当选为主席团主席，叶剑英、邓小平、李先念、汪东兴当选为主席团副主席，汪东兴兼主席团秘书长。

华国锋在讲话中对会议纪律提出要求。他说：在会议期间，大家不要外出，不要会客，集中精力，开好会议。我们这次大会应该也必须树立一个好的会风，要保持和发扬党的艰苦朴素的光荣传统，不搞特殊化。我们是党的全国代表大会，在这方面，应该给全党树立一个好的榜样。

华国锋报告之后，汪东兴作中共中央政治局关于中国共产党第十一次全国代表大会代表资格的审查报告。主要内容有：

1. 中央政治局对中国共产党第十一次全国代表大会代表资格，进行了认真的审查。大会代表的协商选举工作，是在党中央直接领导下，根据1977年3月21日《中共中央关于召开党的第十一次全国代表大会的决定》进行的。这个文件规定，十一大代表名额为1500名。在协商选举过程中，根据需要，中央政治局决定，增加10个代表名额，总数为1510名。经各地区、各单位协商选举，正式选出十一大代表1510名。

2. 根据中央规定的代表产生办法，各省、市、自治区，中央党政机关和军委各总部、各军兵种，各大军区，首先召开党委常委、党的核心小组或领导小组扩大会议，按照中央规定的代表条件，经过反复酝酿协商，提出了代表候选人名单，并对候选人作了考察了解。经中央审查原则同意后，广泛征求了代表候选人所在单位或本地区党内外群众的意见，对不符合代表条件、群众意见较多的候选人作了调整。然后，召开党委、党的核心小组或领导小组扩大会议，正式选举产生出席十一大的代表。台湾省出席十一大的代表，是全国各地和中央党政机关的台湾省籍党员推举代表，在京召开了协商选举会议选举产生的。

3. 中央对代表候选人逐个作了审查，发现有严重问题的，专门派人进行了调查，不符合代表条件的作了调整。对安徽、甘肃两省代表选举工作，结合解决这两个省的问题，中央作了专门部署。随着揭批“四人帮”运动的深入发展，他们经过充分酝酿，反复审查，对在第十一次路线斗争中犯有严重错误的，或群众意见较大的代表候选人，作了调整。福建省选出的一名代表，因发现有严重问题，省委报经中央同意后，决定撤销其代表资格。

预备会议一致通过了中央政治局关于中国共产党第十一次全国代表大会代表资格的审查报告。

预备会议确定了党的十一大的分组名单（华国锋、叶剑英、邓小平未编组）。其中：

北京市代表团66人，团长丁国钰，副团长黄作珍、王磊。

天津市代表团35人，团长解学恭，副团长赵武成、孔桂英（女）。

河北省代表团59人，团长刘子厚，副团长马辉、王金山。

山西省代表团29人，团长王谦，副团长韩英。

内蒙古自治区代表团25人，团长尤太忠，副团长池必卿。

辽宁省代表团62人，团长曾绍山，副团长任仲夷、黄欧东。

吉林省代表团31人，团长王恩茂，副团长阮泊生。

黑龙江省代表团48人，团长刘光涛，副团长张林池、杨易辰、于洪亮。

陕西省代表团33人，团长李瑞山，副团长章泽、胡金娣（女）。

甘肃省代表团30人，团长宋平，副团长李超伯。

宁夏回族自治区代表团12人，团长霍士廉，副团长张桂金。

青海省代表团16人，团长谭启龙，副团长杨岩。

新疆维吾尔自治区代表团26人，团长赛福鼎，副团长汪锋、司马义·艾买提。

上海市代表团65人，团长彭冲，副团长林乎加、王一平。

山东省代表团60人，团长白如冰，副团长苏毅然、厉日耐。

江苏省代表团45人，团长许家屯，副团长王敏生。

安徽省代表团39人，团长万里，副团长李任之、刘廉民。

浙江省代表团30人，团长铁瑛，副团长陈伟达、陈作霖。

江西省代表团 36 人，团长江渭清，副团长白栋材、黄知真。

福建省代表团 26 人，团长廖志高，副团长马兴元。

台湾省代表团 4 人，团长蔡啸，副团长林丽韫（女）。

河南省代表团 51 人，团长刘建勋，副团长耿起昌、戴苏理。

湖北省代表团 44 人，团长赵辛初，副团长陈丕显。

湖南省代表团 46 人，团长毛致用，副团长万达、张立宪。

广东省代表团 52 人，团长韦国清，副团长王首道、焦林义。

广西壮族自治区代表团 26 人，团长乔晓光，副团长刘重桂、覃应机。

四川省代表团 62 人，团长赵紫阳，副团长谢正荣、鲁大东。

贵州省代表团 20 人，团长马力，副团长李葆华。

云南省代表团 21 人，团长安平生，副团长刘明辉、张铚秀。

西藏自治区代表团 11 人，团长任荣，副团长天宝。

中直机关代表团 44 人，团长耿飚，副团长罗青长。

国家机关代表团 104 人，团长余秋里，副团长谷牧、乌兰夫、江华、姬鹏飞、方毅、顾秀莲（女）。其中：

第一组 52 人，召集人谷牧、方毅、顾秀莲（女）；

第二组 52 人，召集人乌兰夫、江华、姬鹏飞。

解放军代表团 249 人，团长徐向前，副团长许世友、杨得志、肖华、张廷发。其中：

第一组 49 人，召集人李德生、杨成武、张爱萍；

第二组 49 人，召集人陈锡联、梁必业、曾思玉；

第三组 50 人，召集人许世友、廖汉生、李志民；

第四组 50 人，召集人肖劲光、杨得志、刘兴元、王必成；

第五组 51 人，召集人杨勇、肖华、张廷发。

预备会议结束后，下午 5 时，十一大主席团在人民大会堂湖南厅举行第一次会议。会议由华国锋主持，叶剑英、邓小平、李先念、汪东兴出席，主席团共到会 221 名，刘伯承、李子元因病请假。会议一致通过党的十一大议程。主席团一致同意解放军代表团张震列席主席团会议。张震当时任中国人民解放军总后勤部副部长，主持总后勤部工作。

二、十一大政治报告的主要内容及各代表团的讨论

1977 年 8 月 12 日下午 3 时半，中国共产党第十一次全国代表大会在人民大会堂正式开幕。华国锋代表十届中央委员会作政治报告，历时 4 个小时，报告约 3.1 万余字。随后，各代表团分别对政治报告进行讨论，提出修改意见。8 月 18 日，大会通过这个政治报告。报告主要有三部分内容。

第一部分，相当于序言，主要论述毛泽东的历史功绩以及高举和捍卫毛泽东的旗帜问题，提出了十一大的历史责任。

1. 关于毛泽东的历史功绩

报告认为，在半个多世纪中，毛泽东领导我党我军和我国各族人民，经过艰苦卓绝的革命战争，取得了新民主主义革命、社会主义革命和社会主义建设的伟大胜利。毛泽东缔造和培育了伟大、光荣、正确的中国共产党，缔造和锻炼了英雄的人民解放军，缔造和建设了社会主义的新中国。“五十多年的中国革命历史表明：我们的一切胜利，都是在毛主席的领导下，在毛主席革命路线的指引下取得的。毛主席的旗帜，就是中国人民革命的胜利旗帜。”“毛主席是当代最伟大的马克思主义者。毛主席把马克思列宁主义的普遍真理，同中国革命和世界革命的具体实践结合起来，在哲学、政治经济学和科学社会主义方面，继承、捍卫和发展了马克思列宁主义。”

2. 关于“无产阶级专政下继续革命的理论”

政治报告对毛泽东晚年所犯的错误没有能够进行正确的分析，认为“在社会主义时期，毛主席对马克思主义的最伟大贡献，就是完整地创立了无产阶级专政下继续革命的理论”，这个理论“在马克思主义发展史上有着特别重要的地位”，“是当代马克思主义最重要的成果”。这些断语表明，党的十一大没有能够完成纠正“文化大革命”错误的历史任务。

在讨论过程中，有的同志对报告中提出的“巩固和加强无产阶级在上

层建筑其中包括在各个文化领域的专政，以适应社会主义经济基础”一句提出反对意见。

3. 关于十一大的历史责任

报告提出：“我们这次代表大会担负着重大的历史责任，这就是要高举毛主席的伟大旗帜，继承毛主席的遗志，总结同王张江姚‘四人帮’的斗争，坚持党的基本路线，坚持无产阶级专政下的继续革命，调动党内外、国内外一切积极因素，团结一切可以团结的力量，为实现抓纲治国的战略决策，为在本世纪内把我国建设成为伟大的社会主义的现代化强国而奋斗。”

实现四个现代化，展现了中国共产党人为实现民族复兴不懈奋斗的初心和使命，是伴随着党对社会主义建设规律认识的不断深化、对社会主义国家建设战略性目标的逐渐明晰而最终确立起来的。从新中国建国方案中的工业强国目标，到过渡时期总路线提出的逐步实现国家的社会主义工业化，再到1954年9月一届全国人大一次会议第一次提出“四个现代化”的构想（即现代化的工业、现代化的农业、现代化的交通运输业和现代化的国防，这一构想后来写入八大党章），最终到1964年12月三届全国人大一次会议时对“四个现代化”有了完整表述：“在不太长的历史时期内，把我国建设成为一个具有现代农业、现代工业、现代国防和现代科学技术的社会主义强国，赶上和超过世界先进水平。”1969年党的九大召开时，大会的政治报告极力鼓吹“无产阶级专政下继续革命的理论”，仅在“关于无产阶级文化大革命的政策”部分提出“抓革命，促生产”，要求“用革命统帅生产，促进生产，带动生产”，只字不提现代化建设，实际上就是“以阶级斗争为纲”。1973年十大的政治报告尽管提出“努力把我国建设成一个强大的社会主义国家，对人类作出较大的贡献”，但也没有明确提“四个现代化”。1974年1月四届全国人大一次会议重申了“四个现代化”的战略目标。1977年党的十一大将“实现社会主义现代化强国”写入政治报告，将“四个现代化”写入党章，反映党对领导和组织人民进行社会主义经济建设和文化建设的高度重视。十一大重提“四个现代化”以及

1977 年 8 月 12 日至 18 日，中国共产党第十一次全国代表大会在北京举行。图为代表们举手一致通过了各项决议。

华国锋、叶剑英、邓小平、李先念、汪东兴（从右至左）在中国共产党第十一次全国代表大会主席台上。

党为此进行的努力，顺应了党心民意，为后来党实行工作中心的转移准备了条件。

第二部分：“我们党的第十一次路线斗争”。主要内容有：

1. 关于党同“四人帮”反党集团斗争的性质。政治报告用了不小的篇幅，叙述毛泽东 1974 年至 1976 年对“四人帮”的多次批评后，明确指出：“四人帮”妄图篡夺党和国家的最高权力，是一个反革命的阴谋集团。党同他们的斗争，“关系党、国家的前途和命运”。这个判断是有力而正确的。

当然，由于政治报告在一定程度上还运用过去流行的“大批判”方式开展对“四人帮”的揭批，对“四人帮”的危害没有能够作出全面的分析和总结，在一些判断上还存在着不够准确、不够科学和不够明晰之处。如报告认为：“四人帮”推行反革命的修正主义路线的极右实质。“四人帮”是一伙钻进党内的新老反革命结成的黑帮，是地富反坏和新老资产阶级在党内的典型代表，集中反映了国内外阶级敌人在我国复辟资本主义的愿望，他们的一切罪恶活动，都是由他们的反动阶级本性所决定的，等等。

2. 初步总结了揭批“四人帮”的斗争，批判了“四人帮”宣扬的“老干部是民主派，民主派就是走资派”等谬论。

8 月 14 日上午和下午，中直机关代表团开会讨论政治报告。张香山在发言中提出：对于社会主义社会的革命对象，“四人帮”颠倒敌我，在 1976 年提出了所谓“老干部是民主派，民主派就是走资派”的反革命政治纲领，但实际从“文化大革命”一开始，他们同林彪一道就在革命的对象问题上制造混乱，提出怀疑一切，打倒一切，打倒一大片。特别是在“党内走资派”这个问题上，胡说我们党内存在一个“资产阶级”，这就改变了我们党作为无产阶级先锋队的性质。张春桥、姚文元的两篇反动文章在国内外都产生了极坏的影响。他们的罪恶目的就是妄图打倒一大批坚持毛主席革命路线的老干部。很多外国读者识不破这两篇文章的阴谋，至今还有不少人捧这两篇文章。因此，必须加以指名批判。

3. 明确宣布以粉碎“四人帮”为标志，第一次“文化大革命”结束。但同时又提出：“第一次无产阶级文化大革命的胜利结束，决不是阶级斗争的结束，决不是无产阶级专政下继续革命的结束。在整个社会主义历史阶段，始终存在无产阶级和资产阶级两个阶级的斗争，社会主义和资本主义两条道路的斗争。这种斗争是长时期的，曲折的，有时甚至是很激烈的。文化大革命这种性质的政治大革命今后还要进行多次。”

代表们在讨论时，对某些“左”的观点提出批评。有的同志认为，报告宣告“文化大革命”结束了，讲了收获，但也应该把毛主席关于“文化大革命”三七开的思想讲一讲，要两点论，要实事求是地阐明运动的整个过程。而且讲了缺点、错误，更可以揭露出这是“四人帮”、林彪等造成的，也可以从中吸取经验教训。有的同志建议在报告中增写林彪、陈伯达在“文化大革命”的开始时就与江青勾结，打倒一切，全面内战，残酷斗争、无情打击等等，以体现毛泽东指出的“文化大革命”三七开的内容。还有的同志说，毛泽东讲过“文化大革命”犯有“打倒一切、全面内战”的错误，而报告对“文化大革命”全盘肯定，高度赞扬，是不合适的。还有的同志针对报告中关于“社会主义历史阶段始终存在阶级斗争”的论断指出，“始终”的提法在理论上说不通。但上述这些意见，没有能够吸收到报告的修改中。

第三部分：“形势和任务”。

1. 关于国际形势，报告认为“是大好，不是中好，也不是小好”。报告提出：（1）几年来国际无产阶级的革命斗争，被压迫人民和被压迫民族的解放斗争，许多国家的革命群众运动，继续向前发展。一个反对超级大国的侵略、干涉、颠覆、控制、欺负的国际统一战线正在广泛开展起来。（2）在革命因素继续增长的同时，战争因素明显增长。苏美两国是新的世界大战的策源地，他们争夺的重点仍然是欧洲。（3）各国的革命要靠本国共产党把马列主义的普遍真理同本国革命的具体实践相结合，领导人民来完成。革命不能输出。我们从不干涉别国的内政。我们党同很多共产党有关系。这种党和党之间的关系，同国家和国家之间的关系是两回事。（4）中国是发展中的社会主义国家，属于第三世界。中国坚决支持亚非拉国家争取和维护民族独立、捍卫国家主权、发展民族经济的正义斗争，支持欧洲、日本等第二世界国家反对超级大国控制、威胁和欺负的斗争。（5）中国同美国、苏联的关系。1972年发表的中美上海公报，是两国关系的基础。只要公报的各项原则能够认真执行，两国关系就可以继续得到改善。中国坚持同苏联的霸权主义进行针锋相对的斗争，同时，又一贯主张中苏两国应在和平共处五项原则基础上，保持正常的国家关系。如果苏联领导真要改善中苏国家关系，就应当拿出实际行动来。

2. 关于国内形势，报告作出了“形势大好，人心思治”的判断。报告认为：打倒“四人帮”以后，经过短短几个月时间的努力，我们就扭转了由于“四人帮”严重干扰破坏造成的生产停滞不前，甚至倒退下降的局面。1977年3月以来，工业生产、交通运输、商品购销、财政收入全面上升，相继超过了历史同期最好水平，创造了新的纪录。一些长期被“四人帮”严密控制和插手破坏的地区，工业生产迅速恢复。6月，全国工业总产值超过了历史上最高的月水平。农业生产尽管遭到罕见的严重干旱和其他自然灾害，但是由于广大社员的努力，大大减少了损失，许多地区夏粮仍然取得比较好的收成。工业学大庆、农业学大寨的群众运动，正在以前所未有的规模蓬勃发展。比、学、赶、帮、超的社会主义革命竞赛，不但在企业内部和企业之间，而且在部门之间，在省、市、自治区之间开展起来。“一个国民经济新跃进的局面正在出现。”

3. 关于任务。报告重申3月中央工作会议提出的抓纲治国达到天下大治的八项要求，并对内容作了进一步扩展，认为这八条就是在当前和今后一个时期内抓纲治国的主要战斗任务。

（1）一定要把揭批“四人帮”的伟大斗争进行到底。

报告提出：在当前和今后一个时期内，揭批“四人帮”的斗争，仍然是两个阶级、两条道路斗争的中心。抓住这个斗争，就是抓住了纲。要进一步放手发动群众，大打一场深入揭批“四人帮”的人民战争。要清查同“四人帮”篡党夺权阴谋活动有牵连的人和事，“根据情况，争取今年内或稍长一点的时间，分期分批基本查清”。

在讨论中，代表们联系单位实际，以大量事实揭发批判了“四人帮”

篡党夺权的罪行。有的同志提出："四人帮"给我们党的建设事业造成很大危害。对与"四人帮"反革命阴谋活动有牵连的人，不管地位多高，都必须查清。他们对自己的问题也应该说清楚。特别是现在还在领导岗位上的人，不交代清楚，对"四人帮"帮派体系的骨干分子实际上是精神的支持，运动也就不可能搞彻底，将会留下后患。

有的代表说：彻底肃清"四人帮"的流毒影响，还是长期的任务。当前在清查同"四人帮"篡党夺权活动有牵连的人和事中，决不能手软。我们还要特别注意那些见风使舵、投机钻营的两面派，教育那些哪边风硬就往哪边倒的"代代红"人物，要把他们的问题弄清楚，帮助他们清理思想。总之，清查就要查清。

有的代表提出：利用舆论工具进行反党活动，这是"四人帮"篡党夺权很重要的一个特点。建议在报告中加进这方面的内容。

有的代表提出：对"四人帮"除政治上、组织上处理外，还应当依照法律判刑。

关于清查结束的时间，代表们提出了不同看法。有的同志认为，对"争取今年内或稍长一点的时间，分期分批基本查清"一句，建议把其中"今年内"三个字去掉。不然，时间太紧，运动搞不透。运动的发展不平衡，有的地方还没有动。上海、沈阳、天津、北京几个大城市清查任务还是很重的。有的同志表示：彻底清查"四人帮"的帮派体系，有的部门、有的地区可能还要更长一些时间，甚至需要一两年时间，才能把公开的、暗藏的"定时炸弹"尽可能挖掉。各单位情况不同，对清查工作基本结束的时间可以写得灵活些。这并不妨碍从理论上揭批"四人帮"，可以同时交叉进行，不同地区、不同部门各有侧重。

（2）一定要搞好整党整风，加强党的建设。

报告提出，抓纲治国，首先要治党，必须认真解决由于"四人帮"破坏而造成的思想不纯、组织不纯和作风不纯的问题；进一步改造全党的学习，力争几年内使我们党的思想理论建设大大前进一步。在论述这个问题时，报告不再提"两个凡是"，而是采用了邓小平关于完整地、准确地领会和掌握毛泽东思想的体系的提法。报告还提出，要学习辩证唯物主义和历史唯物主义，反对唯心主义和形而上学；要发扬理论联系实际，实事求是的学风，提倡深入群众，调查研究；要认真组织力量研究党史，学习和总结党的历史经验；要切实办好中央党校和各级党校；党要管党的工作，党要管干部工作；大会之后，要在全国范围内开展整党整风运动。这些内容，既是现实发展的需要，也反映了大会对历史经验的总结，具有较强的针对性。

关于整党整风和党的建设问题，各代表团讨论得非常热烈。8月14日，陈云在上海代表团讨论政治报告时就整顿党风问题发言。他说：抓纲治国，首先要治党。第一，中央、省、市（包括军队）的主要领导同志，要对“抬轿子”“吹喇叭”和逆风恶浪袭来时随风倒的人，保持警惕。这样的人都不是实事求是的人。我们党的干部绝大多数是好的和比较好的，但“抬轿子”“吹喇叭”“随风倒”的人确实有。第二，要认真做到毛主席历来倡导的“知无不言，言无不尽”，“言者无罪，闻者足戒”，“有则改之，无则加勉”。这样做，有助于防止不正之风的横行。必须防止极端民主化。有了由高度民主而来的高度集中，心情舒畅、生动活泼的局面就会出现[①]。

同一天，胡耀邦在中直机关代表团的讨论中谈了对全党学习的看法。他说：“四人帮”为什么作恶时间那么长，危害那么大？第一，由于他们采取了欺骗政策，大搞反革命的两面手法，全面篡改和歪曲马列主义、毛泽东思想，搞乱人们的思想。第二，他们采取恐怖政策，动不动就扣大帽子，就抓人，实行镇压。“四人帮”从各方面进行破坏，最严重的是破坏了我们党，篡改党的理论基础，改变党的性质，摧残党的队伍，毁坏党的作风。因此，我们一定要认真搞好马列主义、毛泽东思想的学习，认真恢复和发扬党的优良传统和作风，健全党和国家的政治生活。

中直机关代表团提出：建议在政治报告中强调一下学习辩证唯物主义和历史唯物主义，利用党校大批地教育党员干部，特别是学习和总结第九、

---

① 参见中共中央文献研究室编：《陈云年谱（修订本）》（下卷），中央文献出版社 2015 年版，第 236 页。

第十、第十一次路线斗争经验。

8 月 13 日上午，国家机关代表团第二组由乌兰夫主持，对政治报告进行讨论。陈国栋在发言中提出：“四人帮”对党的性质、组织、作风破坏很大，危害很大。有的人把资产阶级政客式的作风搞到党内来了，完全不顾党的原则，对上吹牛拍马、找靠山；对下拉拉扯扯、拉一帮子人，而且标榜自己是一贯正确。一阵什么风来了，就迎着风上，错了，就来一个一百八十度转弯。这种坏作风，对党的腐蚀作用也是很大的，应当在整党整风中好好整一整。当然，应该区别两类不同性质的矛盾，正确加以解决。

一些同志还建议；整党整风在搞试点的基础上，搞个文件，搞几条杠杠，以便参考；报告在整党整风部分，对整顿文风、学风方面，是否也点一下，把整“风派”、整“两面派”特别强调一下；对加强马克思主义理论队伍建设问题要多说几句，等等。

对政治报告中提出“要认真组织力量研究党史，学习和总结党的历史经验”，获得代表们的赞成。不少人建议中央组织力量，尽快编写出中国共产党党史。

（3）一定要把党的各级领导班子整顿好、建设好。

报告提出，要按照毛主席提出的接班人五项条件和老、中、青三结合的原则进行整顿，强调各级领导班子首先是高级干部，要警惕官僚主义作风的问题。

上海代表团在集中讨论政治报告时提出：第一，必须解决领导班子问题。从上海的情况看，十个月来，公司以上和重点企业单位的领导班子，经过调整、充实和整顿，大部分问题已经解决，运动和生产都有很大的起色。但是，仍有少数一些局、公司和重点企业，问题并没有完全解决，还严重阻碍着运动的深入开展。第二，必须解决整顿党、建设党的问题。只有首先把党治好了，把党风搞好了，才能带领广大群众，造成一支特别有战斗力的队伍。上海广大党员绝大多数是好的和比较好的，不少党员顶住了“四人帮”的压力，在革命和生产中作出了应有的贡献。这必须充分肯定。但是，在“四人帮”及其上海余党的长期破坏和毒害下，确实把党风搞坏了，使一些党员染了说假话、弄虚作假、只想做官、不想做工作等坏习气，甚至见风使舵，随风倒，写黑信，告黑状，严重地脱离了群众。还有一些党员受“四人帮”毒害较深，说了错话，做了错事，自己还不认识，立场感情转不过来。第三，必须严格执行党的政策，团结一切可以团结的力量。经过这一段工作，全市纯属反对“四人帮”而受迫害的上万名干部和群众，已经有8000多人得到了平反。被“四人帮”长期挂起来的100多名局以上领导干部，正在分别作出安排；被“四人帮”长期放到工厂“战高温”的六七千名干部，也正在统筹安排，陆续分配工作。这对于调动广大干部的积极性，起了很好的作用。同时，揭批运动越深入，也越要注意党的政策，严格区分和正确处理两类不同性质的矛盾，扩大教育面，缩小打击面。对一些罪行严重、民愤极大的人，需要进一步采取组织措施，决不能心慈手软。但对一切可以争取的犯了错误的人，要认真做好思想转化工作，帮助他们转变立场，提高觉悟，认识错误，改正错误，取得群众的谅解。真正做到团结95%以上的干部和群众，最大限度地孤立打击“四人帮”及其一小撮罪行严重而又不肯改悔的死党，保证运动的健康发展。第四，必须正确处理革命和生产的关系，把运动深入下去，把生产搞上去。要善于把揭批“四人帮”激发出来的巨大革命干劲，精心地加以组织，及时引导到搞好生产上来。“四人帮”把思想搞乱了，组织搞乱了，制度搞乱了，管理搞乱了，弄得“生产无计划，管理无规章，劳动无纪律”。要把企业整顿好，把生产搞上去，确有大量的艰苦工作要做。

8月15日，王尚荣、伍修权、孔原在解放军代表团第一组作联合发言。他们提出：整顿、建设好党的各级领导班子是当务之急。因为没有一个好的坚强的领导班子，要想全面贯彻落实各项任务是困难的，甚至是不可能的。建设好各级领导班子是非常重要的，尤其重要的是党的最高领导核心——政治局。

8月15日上午，徐向前在解放军代表团第一组的发言中提出：我们老干部有一个重大责任，就是培养接班人。主要是培养各级领导班子的第一、二把手，将来把班交到可靠的人手里。我们都年纪大了，不培养青年干部不行。比如我们军队，打起仗来，我们还能上前线？领导干部要经过考验，要经过一级一级的锻炼，就是各方面都好的，也要过一下，哪怕是时间短一点。越级提拔不是办法。军队要训练，还要办好各种军事学校。

（4）一定要抓革命促生产，把国民经济搞上去。

报告认为，阶级斗争、生产斗争和科学实验，是建设社会主义强大国家的三项伟大革命运动。无产阶级专政的基本任务之一，就是发展社会主义经济。报告在提出“生产力是最革命的因素”、在坚持社会主义的方向下迅速发展生产力的同时，又沿袭了以群众运动推动经济建设的传统做法，强调鼓足干劲，力争上游，多快好省地建设社会主义的总路线和一整套两条腿走路的方针，要求把整个国民经济纳入有计划、按比例、高速度发展的社会主义轨道，以农业为基础、工业为主导，实现农业、轻工业、重工业和其他经济事业的协调发展，全面“跃进”。在第五个五年计划期内，把全国 1/3 的企业建成大庆式企业，1/3 的县建成大寨县；到 1980 年，要建成我国独立的比较完整的工业体系和国民经济体系。

一些代表对 1980 年农业基本实现机械化的问题提出不同看法。他们认为，由于“四人帮”的干扰破坏，农业机械化耽误了一些时间，现在正努力把“四人帮”耽误的时间夺回来。但是，三年内基本实现农业机械化，究竟达到什么水平，要有个标准。

政治报告在强调发展国民经济的同时，还着重论述了科技工作问题。报告提出：“科学研究工作，应当走到经济建设的前面，由于‘四人帮’的严重破坏，现在却落在后面。这个问题关系社会主义建设的全局，必须认真抓起来。中央决定，在适当的时候召开全国科学大会。这次大会，要交流经验，制定规划，表扬先进，特别要表扬有发明创造的科技工作者和工农兵群众，把科技战线上广大干部和群众的革命积极性充分调动起来，向科学技术的现代化进军。”

召开全国科学大会，其实早在 1977 年 5 月 30 日中央政治局听取中国科学院党组负责人关于恢复和开展科学技术工作的汇报时就已经作出了决定。华国锋在讲话中提出：“四人帮”的干扰在科技方面确实很大，打击科技队伍的积极性很厉害。要把科学技术在23年内努力搞上去，要揭批“四人帮”，肃清流毒，澄清思想。考虑要开个全国科学大会，把劲鼓起来。人数要多一点。这个会要使全国震动。对人民有贡献的专家和群众，要给予表扬，戴红花。他们应当受到国家和人民的尊重。现在就造舆论，发个通知，像一号文件学大庆会议的通知那样。科学大会气魄要大一些。要有所发现，有所发明，有所创造，有所前进。科学技术不仅本身要现代化，而且要走在前面，为实现四个现代化作贡献。这个讲话精神，在十一大的政治报告得到体现。

在讨论这部分的内容时，有的同志提出，建议讲清楚科学技术现代化和其他三个现代化的关系，说明只有科学技术现代化才能带动其他三个现代化，才能理解为什么要科学现代化走到前面的道理。并建议在这一段的“这个关系到社会主义建设的全局”之后，加上以下内容：“科学技术要在本世纪内赶上和超过世界先进水平的方向，同时要加强党对科学技术的领导，并从政治上和物质上给科研工作创造有利条件。”

钱学森、朱光亚在8月15日解放军代表团第一组的讨论中作了联合发言。他们认为：政治报告提出的科学研究工作应当走在经济建设的前面，这是完全符合现代科学技术和工农业生产的实际情况的。现代科学技术研究是提高生产的捷径，要实现四个现代化，首先要突破科学技术这个关键。只有这样，才能带动农业现代化、工业现代化和国防现代化。发言还说：现代科学技术研究的一个特点是其大规模的组织和多种专业的协同动作。根据这一特点，正需要发挥社会主义制度的优越性，一方面把专业科技队伍和广大群众动员起来，充分调动他们的积极性，主动协同，团结合作；另一方面，必须加强组织领导，加强计划性，做到“精心组织，精心领导”，全国统一规划，统一调度。钱学森、朱光亚的建议，具有战略眼光，实际上提出了如何运用举国体制来领导和组织科技工作的重大问题。

十一大结束后不久，党中央在9月18日发出《关于召开全国科学大会的通知》，要求各级党委落实党的知识分子政策，抓紧搞好各级领导班子的整顿，恢复被撤销的科研机构，恢复科研人员的技术职称。此后，各地积极进行各项筹备工作。全国上下兴起了向科学技术现代化进军的热潮。应该说，党的十一大对推动全党全国重视科学技术方面，起到了积极作用。

（5）一定要搞好文化教育领域的革命，大力发展社会主义的文化教育事业。

政治报告批判了“四人帮”把广大知识分子当作“专政对象”，诬蔑知识分子是“臭老九”的罪行，对知识分子作了如下估计：建国以来，广大教育工作者、科技工作者、文化工作者、卫生工作者辛勤劳动，为人民出了力，为社会主义事业作了巨大的贡献。我国现有的知识分子，一部分是从旧社会过来的，大部分是新社会培养的。他们中的绝大多数是愿意和努力为社会主义事业服务的，这是一支很可宝贵的力量。虽然总的说来，比较熟悉马克思主义，并且站稳了脚跟，站稳了无产阶级立场的知识分子还是少数，但是大多数人，经过多次政治运动特别是无产阶级文化大革命的锻炼，在由资产阶级世界观向无产阶级世界观转变的过程中，在逐步形成和确立无产阶级世界观的过程中，已经有了不同程度的进步。反对社会主义的，只是极少数。“四人帮”根本抹杀建国以来我们党培养和改造知识分子的巨大成绩，打击和扼杀广大知识分子的革命积极性。我们一定要遵照毛主席的指示，正确执行党的团结、教育、改造知识分子的政策。建设工人阶级知识分子的宏大队伍，是我们党的重大战略任务。

十一大报告的这段论述，涉及如何正确估计我国知识分子阶级属性的重大问题。新中国成立后，党在这个问题上走过曲折的道路，虽然其中也提出过一些比较符合实际的认识和政策，但从总体上看，“左”的错误不断发展并在“文化大革命”中占据了主导地位。1956 年 1 月党中央召开知识分子问题会议时，周恩来代表中央宣布：经过建国后六年来贯彻执行党对知识分子的团结、教育、改造的政策，我国知识界的面貌已经发生了根本变化，“他们中间的绝大部分已经成为国家工作人员，已经为社会主义服务，已经是工人阶级的一部分”。依据这个论断，经过思想改造并将继续进行教育改造的知识分子被纳入工人阶级的范畴，工人、农民、知识分子的

“兄弟联盟”成为社会主义建设的依靠力量[①]。这是知识分子政治地位的根本变化。但遗憾的是，党在这个问题上取得的重要认识成果，在一度付诸实践并显示积极成效后被动摇、否定。受反右派斗争扩大化的影响，1958 年 5 月召开的八大二次会议认为：“在社会主义社会建成以前，无产阶级同资产阶级的斗争，社会主义道路同资本主义道路的斗争，始终是我国国内的主要矛盾”，并且宣布我国社会有两个剥削阶级和两个劳动阶级，知识分子实际上一般地被列入第二个剥削阶级的范围。在 60 年代初期的全面调整中，周恩来在广州会议上重申 1956 年知识分子问题会议对知识分子阶级属性的基本估计，陈毅宣布为知识分子“脱帽加冕”，即脱“资产阶级”知识分子之帽，加“劳动人民”知识分子之冕。然而，由于当时思想政治上的“左”倾观点未能作出彻底清理，在八届十中全会后开展的大规模的阶级斗争中，学术领域的政治批判逐渐加剧，整个知识分子队伍的大多数再次被称为“资产阶级知识分子”。在“文化大革命”中，党的正确知识分子政策更是受到严重冲击。在 1971 年全国教育工作会议上，经张春桥、姚文元审定的《会议纪要》提出了“两个估计”，即新中国成立后 17 年“毛主席的无产阶级教育路线基本上没有得到贯彻执行”，“资产阶级专了无产阶级的政”；大多数教师和新中国成立以后培养出来的高等学校学生的“世界观基本上是资产阶级的”。“两个估计”全盘否定教育战线的工作和成就，知识分子被看作是资产阶级的知识分子，甚至成为被革命被批斗的对象，沦为“臭老九”。其政治地位遭到严重的贬损，聪明才智难以发挥。

粉碎“四人帮”后，科教领域强烈要求拨“两个估计”之乱，为知识分子正名。在十届三中全会复职后的邓小平，自告奋勇地要求分管科教工作，由此打开了拨乱反正的突破口。在十一大召开前夕，他于 8 月 4 日至 8 日主持召开科学和教育工作座谈会，并对大家非常关心的“两个估计”等重大问题发表讲话。他指出：全国教育战线 17 年的工作怎样估计？我看，主导方面是红线。应当肯定，17 年中，绝大多数知识分子，不管是科

① 周恩来：《关于知识分子问题的报告》，《建国以来重要文献选编》第 8 册，中央文献出版社 1994 年版，第 13 页。

学工作者还是教育工作者，在毛泽东思想的光辉照耀下，在党的正确领导下，辛勤劳动，努力工作，取得了很大成绩。特别是教育工作者，他们的劳动更辛苦。现在差不多各条战线的骨干力量，大都是建国以后我们自己培养的，特别是前十几年培养出来的。如果对 17 年不作这样的估计，就无法解释我们所取得的一切成就了。就知识分子的世界观改造方面来说，应该怎样估计呢？世界观的重要表现是为谁服务。我国的知识分子绝大多数是自觉自愿地为社会主义服务的[①]。邓小平并指出：我记得 1962 年广州会议上陈毅说过，当时的知识分子就是人民的知识分子，是工人阶级的知识分子。到了 1977 年，又是 15 年过去了，怎么还能说知识分子是资产阶级的呢[②]！随后，根据邓小平的指示，教育部在 8 月 13 日再次召开全国高等学校招生工作会议。此时，正在召开的十一大在政治报告中对“文化大革命”作了肯定评价，在对知识分子阶级属性的评价上，虽然承认广大知识分子“在由资产阶级世界观向无产阶级世界观转变的过程中，在逐步形成和确立无产阶级世界观的过程中，已经有了不同程度的进步”，但并没有明确肯定他们是无产阶级的知识分子，还没有能够突破“两个估计”的禁锢。在这个背景下，招生工作会议对“两个估计”的问题处于胶着状态。与会的《人民日报》几位记者将 1971 年全国教育工作会议纪要关于“两个估计”的形成写成材料，以《情况汇编》特刊的方式向中央作了反映。邓小平于 9 月 19 日明确指出：“两个估计”是不符合实际的。我们怎么能把几百万、上千万知识分子一棍子打死呢？我们现在的人才，大部分还不是 17 年培养出来的？现在群众劲头起来了，教育部不要成为阻力。拨乱反正，语言要明确，含糊其辞不行。此后，经中央政治局审定，《人民日报》在 1977 年 11 月 18 日发表教育部大批判组文章，彻底推倒了“两个估计”。

从历史发展的大背景回看十一大的小组讨论会，有助于更全面、生动地考察会场内外各方的反映，避免单纯从文本到文本解释历史的不足。在

① 《邓小平文选》第 2 卷，人民出版社 1994 年版，第 49 页。

② 武衡：《科技战线五十年》，科学技术文献出版社 1992 年版，第 410 页。

1977 年底，参加高考的考生在认真答卷。

1977 年，一批历史剧目重新上演。图为《小刀会》剧照。

8月13日国家机关代表团第一组的讨论中，有的代表提出，报告肯定了教育工作者、科技工作者、文化工作者、卫生工作者为社会主义事业作出了巨大贡献。但是28年来，文教战线究竟成绩是主要的，还是缺点是主要的，应该有个结论。有的代表在8月14日的小组讨论中认为，对28年的教育问题，报告讲了一些，但还不够，建议在"广大教育工作者、科技工作者、文化工作者、卫生工作者辛勤劳动，为人民出了力，为社会主义事业作了巨大的贡献"一句之后补充："现在我们在各个战线上的技术骨干，基本上是我们解放以后教育培养出来的。这就是一个证明。"这些意见，实际上是对"两个估计"的抵制和否定。

关于教育问题，还有同志提出：建议增加教育要从幼儿园、小学、中学抓起，要提高教员，特别是中小学教员的政治地位和物质待遇问题，等等。

（6）一定要强化人民的国家机器。

报告提出，人民解放军当前的任务，就是抓纲治军，促进战备工作和部队建设，进一步加强革命化和现代化，要准备打仗；要努力办好各级各类军事院校，大力培养各级军政领导骨干和技术人才；加强国防科学技术研究和国防工业生产，把我军装备提高到一个新的水平。此外，还要加强公安工作和社会主义法制。

关于部队建设，解放军代表团第三组的同志在讨论中提出：应有计划地恢复和建立必要的军事技术学院，大力培养科技人才，对过去从科研单位处理的科技人员，建议有计划地把合适的人收回来；建立和加强必要的军事科研机构；加强常规武器试验基地；加强对常规武器装备科研和试验基地的归口领导。

还有的同志说：目前部队军以下领导班子臃肿庞大，人浮于事，如何进行整顿，希望能尽快明确。为了提高部队军政素质，增强战斗力，建议切实重视基础教育，办好各级步校和炮校。

关于政法工作，有的同志提出，报告侧重讲了打击阶级敌人的问题，这是非常需要的。但另一方面，要强调一下遵守法制，保护人民。

（7）一定要发扬民主，健全民主集中制。

报告提出：要确实扩大党内的民主生活，认真做到毛主席历来倡导的“知无不言，言无不尽”，“言者无罪，闻者足戒”，“有则改之，无则加勉”；要防止走到极端民主化，走到破坏纪律的自由放任主义。发扬民主，是为了正确地处理人民内部矛盾，加强党的领导，巩固无产阶级专政，为社会主义经济基础服务，而决不是要削弱以至破坏党的领导和无产阶级专政，削弱以至破坏社会主义经济基础。为了健全民主集中制，必须坚决反对一切无组织无纪律的行为，重申党的纪律：（一）个人服从组织；（二）少数服从多数；（三）下级服从上级；（四）全党服从中央。要用“三大纪律八项注意”教育战士，教育干部，教育群众，教育党员和人民。

（8）一定要贯彻执行统筹兼顾、全面安排的方针。

报告提出，调动一切积极力量，建设社会主义。这是一个战略方针。无论干部问题，知识分子问题，上山下乡知识青年问题，少数民族问题，统一战线问题，以及其他各项问题，都要从统筹兼顾这个观点出发，作出适当的安排。报告还宣布，中央决定，在适当的时候召开第五届全国人民代表大会和中国人民政治协商会议第五届全国委员会。“我们必须做出认真的努力，调动起党内外一切积极因素，加强全党全军全国各族人民的大团结，为巩固无产阶级专政，建设伟大的社会主义祖国而共同奋斗。”

西藏自治区代表团的代表在发言中提出了培养少数民族干部的建议。他们说：加强民族政策的教育，搞好各民族的团结，既要反对大汉族主义，也要反对地方民族主义，把各方面的积极因素调动起来，加快少数民族地区的建设。过去，全国人民代表大会常务委员会设有民族事务委员会，国务院也设有相应的机构。为了进一步搞好少数民族工作，建议人大常委会和国务院恢复这类机构。

新疆维吾尔自治区代表团的代表提出，希望中央广播电台和报纸加强对少数民族政策的宣传和教育；建议加强少数民族文字的翻译工作，使少数民族文字的中央文件发得更快一点，并希望多出版一些少数民族文字的书籍；建议“恢复中央党校的新疆班，并给少数民族多分配一些学员名额”。对“恢复中央党校的新疆班”的建议，需要作一点补充说明。1954年9月，根据中央的决定，中央党校创办了新疆民族干部班。从1954年到1966年共举办过五期轮训班、两期理论班，培养了一批少数民族干部。十一大结束后，新疆维吾尔自治区委员会于1977年11月向中央报送《关于建议中央党校恢复“新疆班”的请示报告》。此后，中央批准了这个报告。

关于统一战线问题，廖承志在发言中说：政治报告中讲到港澳同胞、海外侨胞的统一战线问题，我听了很高兴。这方面的工作，被“四人帮”破坏得体无完肤。由于“四人帮”干扰破坏，有些侨胞回国以后受到歧视，有的在国内待不下去，走的时候含着眼泪，临走时还在深圳桥头最后一次望着五星红旗。尽管有这样的事，多数侨胞还是爱国的。这方面的政策要落实，有很多工作要做。此后，沿着这个思路，廖承志在1977年12月20日在全国侨务会议预备会上发表《落实党的侨务政策》的讲话，强调要重申党制定的一系列侨务政策，彻底批判林彪、“四人帮”的“海外关系”反动谬论，认为这个谬论是反马克思主义的，是形而上学的，要对它进行抵制。随后，他在1978年1月4日的《人民日报》上发表《批判所谓“海外关系”问题的反动谬论》一文，引起了广泛的社会影响。

十一大政治报告在论述贯彻执行统筹兼顾、全面安排的方针时，还专门强调了干部问题的重要性。报告指出：干部是我们党的宝贵财富。对过去审查干部中遗留的一些问题，应当严肃认真地尽快妥善处理。可以工作而没有分配工作的，要尽快分配适当工作。年老体弱不能工作的，也要妥善安排。少数人需要作出审查结论的，应尽快作出。“四人帮”强加于人的一切诬蔑不实之词，应予推倒。

对干部问题的论述，引起与会代表的强烈反响。他们提出：有的干部审查时间拖得太久了，使有的干部多年不能工作，建议抓紧一些；干部安置问题，应由党统一安置，要坚决纠正“四人帮”那种“投亲靠友，自找门路”的错误做法，建议组织部作个调查，提出办法。

有的同志还向中央提出建议：第一，从中央到各级党委要定期地交心通气，并把它作为一种制度固定下来，使各级党委内部互相进行批评与自我批评，不要算总账，以增强党内团结。第二，加强干部管理，实行党管干部。这对于防止在使用干部问题上搞宗派是非常必要的。同时，各级党委在平时要加强对干部的考核，做到对干部的情况有一个基本看法和了解，不要只看一时一事，不要只听一面之词，要听各方面的反映，更不要听信那些诬告。要加强对干部部门、组织部门的领导，对这些部门的干部要从政治上进行慎重的选择。要把政治好思想好作风好的比较熟悉干部的有威望又有做干部工作经验的老一点的同志，选到干部部门、组织部门担任领导工作。

在 8 月 15 日的讨论会上，张爱萍发言说：对今后任务的执行，不管整党整风，整顿领导班子，还是对审干遗留问题的处理，当然首先决定于中央，主要是政治局。其次，还有一个重要部门来具体组织实施，这就是中央组织部。据所知，不少老干部得不到党组织的关怀，不少人不仅长期不分配工作，连住房都没有。建议中央认真检查中央组织部的工作，好好地加以整顿。

张爱萍提出的意见，反映了广大党员干部群众要求加快冤假错案平反步伐的强烈愿望。党的十一大召开前，虽然也平反了一批冤假错案，为一些干部落实了政策，但由于受“两个凡是”的影响，一遇到被认为是“反对无产阶级文化大革命”的案子，一遇到毛泽东批准的或圈阅过的案子，不管人们怎样呼吁，也不管事实如何清楚，是非如何被颠倒，都迟迟得不到平反。有的老同志到中央组织部去申诉冤情，甚至被拒之门外。整个平反冤假错案、落实干部政策的工作进展十分缓慢。到 1977 年底，中央直属机关和中央国家机关的 53 个部门仍有 6241 名干部等待落实政策，分配工作，其中包括 116 名省部级干部和 537 名司局级干部[①]。也正是由于会场内外强烈的反映，1977 年 12 月 10 日，中央政治局对中央组织部的领导班子作出调整，任命胡耀邦为中央组织部部长。

① 《中国共产党历史》第二卷（1949—1978），中共党史出版社 2011 年版，第 1010 页。

与张爱萍同一组的粟裕，以落实党的政策、坚持立党为公为主题作了发言。关于落实党的政策，他说：毛主席历来教导："对于人的处理问题取慎重态度，既不含糊敷衍，又不损害同志，这是我们的党兴旺发达的标志之一。"现在"四人帮"打倒了，对他们残酷迫害革命干部、群众的严重罪行，必须彻底清算。对极少数犯下严重罪行的凶犯，应有严肃处理，以至必须的制裁。要恢复毛主席制定的审查干部工作的传统，对"四人帮"强加于人的一切诬蔑不实之词，应予推倒。对因受"四人帮"、林彪诬害、折磨而牺牲的革命干部，一定要昭雪，妥善安置其遗属。对处理错了的要重新处理。对长期没有解放和未作出结论的，要按照毛主席的政策，尽快妥善解决。关于立党为公问题，他强调：要砸烂帮派体系，反对宗派主义。要坚决贯彻执行毛主席关于调动一切积极因素的方针。当前有一个突出的问题是，还有相当一大批干部没有安排工作，需要尽快地给他们工作做。这也是大得人心、大快人心的好事。特别是有不少老同志，过去在林彪、"四人帮"宗派主义干部路线的打击下，被剥夺了为革命工作的权利，是十分痛苦的。粉碎了"四人帮"，大家非常高兴，现在身体也好，急于要求工作，这种革命精神是很可贵的。对他们的这种革命要求应当重视。要抓紧时间把这个问题解决好，各级党委要加强对这项重要工作的领导。可以工作的，要尽快分配。在等待分配期间，可以把这些同志组成工作组、调查组，在中央和省市领导下，帮助各级党委了解情况，或去解决一些重点单位的问题。这样做，对他们本人也有好处，好久没有工作了，这也是个学习和熟悉情况的机会。另外，现在，有些人兼职太多，实际上管不了，更管不好，这样既束缚做实际工作的同志的积极性，也妨碍提拔新生力量，害处很多，需要改变。这样，也可以相应地多安排一批干部的工作。对于年老体弱不能工作的同志，也要有妥善安置，在政治待遇和生活上给予保障，使他们能够度好一个革命的晚年①。

十一大各代表团的讨论会，开得活跃而热烈。许多小组在负责人的带

---

① 《粟裕文选（1949.10—1984.1）》第3卷，军事科学出版社2004年版，第620—622页。

领下，边读报告边展开讨论，代表们或单独发言，或联合发言，或书面发言，直抒己见，体现出务实和坦诚的特点。在大会的书面发言中，肖劲光和聂荣臻的发言产生了较大影响。

肖劲光于 8 月 14 日下午在解放军代表团作书面发言。他说：林彪和“四人帮”给我们党的思想和作风建设带来了相当大的损害，践踏了党的民主，涣散了党的组织，破坏了党的纪律，破坏了党的优良传统。在林彪和“四人帮”横行时期，那些忠心耿耿为党工作的好同志遭到无情打击，相反，那些阿谀奉承、投机钻营的无耻之徒，却飞黄腾达，为非作歹。面对这种情况，怎能不叫人忧心忡忡呢？由于林彪、“四人帮”的破坏，搞得党内生活很不正常，弄得一些同志不敢讲话，谨小慎微，怕负责任，怕犯错误，同志之间也不敢往来。这样的局面，哪里谈得上心情舒畅、生动活泼？要造成一个生动活泼的政治局面，最根本的还是要认真学习毛主席的建党学说，完整准确地理解和运用毛主席的建党思想，清算“四人帮”破坏党的建设的罪行。发言还提出：第一，坚持“三要三不要”的原则。第二，正确理解和处理民主和集中的辩证关系。我们所说的民主，是在集中指导下的民主，不是无政府主义。没有高度的民主，就不可能有高度的集中。没有集中的指导，民主就会失去正确的方向。强调民主，要防止极端民主，强调集中，要防止独断专行。每个共产党员都应该严格遵守党的纪律，个人服从组织，少数服从多数，下级服从上级，全党服从中央。第三，发扬党的实事求是的优良作风，正确区分和处理两类不同性质的矛盾。所谓实事求是，就是要坚持按照唯物论和辩证法办事，一切从客观存在的实际出发。这些年来，由于“四人帮”形而上学猖獗，唯心主义横行，混淆是非，颠倒敌我，使我们的同志沾染了一种很坏的作风，这就是说假话，说空话，说大话，弄虚作假，不实事求是，不进行具体问题具体分析。比如对同志，往往是攻其一点，不及其余，不作全面的历史的分析，混淆两类不同性质的矛盾。这样做的结果，只能是伤害革命同志，不利于革命团结。邓小平副主席在十届三中全会上的重要讲话反复强调了要实事求是的问题，这是值得我们十分注意的。党内没有实事求是的作风，民主集中制就不可能真正建立起来。第四，坚持群众路线，健全党的生活制度，经常开展批评和自我批评。现在林彪、“四人帮”垮台了，我们一定要把党内正常的生活制度建立起来，把我们党批评和自我批评的传统发扬起来。做领导工作的同志，要善于走群众路线，善于听取群众的呼声，接受群众的批评监督。要反对那种不让群众讲话，独断专行，个人说了算的恶劣作风。

聂荣臻就党的建设问题作书面发言，郑重提出了恢复实事求是、群众路线、民主集中制等党的优良作风的重大现实问题。关于实事求是，发言指出：坚持实事求是的作风，就要坚持用正确的态度对待马克思列宁主义、毛泽东思想。我们学习和运用马克思列宁主义、毛泽东思想，一定要掌握精神实质，学习它的立场、观点和方法，把基本原理当作行动指南，坚决反对把马克思列宁主义、毛泽东思想的一些词句当作脱离时间、地点和条件的教条。我们一定要从客观存在的事实出发，在马克思主义的理论指导下，从对实际事物的调查研究中找出其固有的规律性，据以制定解决问题的方针、政策和办法，决不能从主观臆想出发，从原理概念出发。毛主席一贯坚持马列主义的普遍真理同中国革命的具体实践相结合，反对理论与实践相脱离，反对唯心主义和形而上学。毛主席坚决反对把马克思列宁主义当作教条，反对把他们的学说说成是“顶峰”“绝对权威”。毛泽东思想是和教条主义、经验主义不相容的，是和唯心主义、形而上学不相容的。

坚持实事求是的作风，就要重视和提倡调查研究。现在，有些同志的讲话、文章，有些党委的决定、指示，对客观情况的调查分析还是很少，往往不能具体地分析事物的矛盾，解决实际存在的问题，就是这种不好风气的一个表现。“四人帮”被打倒了，各条战线都有许多问题需要解决。如果领导干部只满足于一般号召，只满足于找几条语录作这些号召的根据，那是不能解决问题的。必须分辨轻重缓急，有步骤地深入地对这些问题进行调查研究，找出切实可行的解决办法，使我们开的会议，作的讲话、决定，写的文章，真正符合党和群众的迫切需要。

坚持实事求是的作风，就要反对说空话，特别要反对说假话。说老实话，办老实事，做老实人，这是对一个共产党员的起码要求。我们在工作中要足够地估计成绩，增强信心，反对只看缺点、错误，反对在困难面前悲观失望，这是完全正确的，必要的。但是，这并不要求我们报喜不报忧，忌讳说困难，说落后，说缺点，说错误。毛主席领导我们党取得了伟大的胜利，但是，从来没有说过我们党的工作不要一分为二。不承认困难、缺点、错误、损失，不承认反面经验，那就不是唯物主义，不是辩证法，那就是搞唯心主义和形而上学。我们愈是经常认真分析研究工作中的困难、缺点和反面经验，我们就愈能够正确地处理工作中的问题，不断从根本上改善我们的工作，提高我们的觉悟，防止一些错误的东西重复出现。只有这样做，才是我们党充满信心的表现，才是我们党兴旺发达的表现，才是我们党对人民负责的表现，也才是我们高举毛泽东思想伟大旗帜的表现。

聂荣臻的发言稿后经反复修改，刊登在《红旗》杂志第 9 期，《人民日报》于 1977 年 9 月 5 日予以转载。9 月 19 日，徐向前在《人民日报》发表《永远坚持党指挥枪的原则》。9 月 28 日，陈云在《人民日报》发表《坚持实事求是的革命作风》。这些文章从不同角度呼吁和推动了党的实事求是优良作风的恢复，为后来真理标准问题大讨论奠定了思想基础。

三、十一大党章的讨论、修改和通过

党的十一大的第二项议程，是讨论通过《关于修改党的章程的报告》和《中国共产党章程修改草案》。提交十一大讨论的党章修改草案，是在十届三中全会上基本通过的。修改过程中，在中央各部门，在地方和军队，广泛征求了党内从领导到基层各方面的意见。8 月 13 日下午 3 时 30 分，大会举行第二次全体会议，叶剑英代表中央委员会关于修改党的章程的报告，从八个方面对党章修改草案作了说明。随后，各组对报告和党章草案进行讨论。

十一大党章是在社会主义革命和建设时期产生的第四部党章。若将八大、九大、十大、十一大四部党章的框架结构作一比较，可以从一个侧面反映党的建设的历史变迁。

在党的十一大上，叶剑英代表中央委员会作《修改党章的报告》。

八大党章由总纲和 9 章 60 条组成，约 1.27 万余字。第一章党员（18 条），第二章党的组织机构和组织制度（12 条），第三章党的中央组织（7 条），第四章党的省、自治区、直辖市和自治州的组织（4 条），第五章党的县、自治县、市的组织（4 条），第六章党的基层组织（4 条），第七章党的监察机关（3 条），第八章党同共产主义青年团的关系（4 条），第九章党外组织中的党组（2 条）。作为进入全面建设社会主义时期的历史性盛会，八大展现了中国共产党以苏为鉴、对中国自己的社会主义建设道路孜孜探索的特点。围绕社会主义建设这个主题，八大党章强调要加强执政党的建设，把贯彻执行党的群众路线、加强民主集中制作为执政党必须着力解决的重大课题，对党员提出了更为严格的要求。

九大党章在结构上不同于八大党章，而是将总纲与各章合写，共 6 章 12 条。其中，第一章总纲，第二章党员（4 条），第三章党的组织原则（2 条），第四章党的中央组织（2 条），第五章党的地方和军队中的组织（1 条），第六章党的基层组织（2 条）。同八大党章相比，篇幅严重压缩，仅 2800 余字。九大党章删去了八大党章的一些重要内容，除了高度颂扬“文化大革命”外，还把“无产阶级专政下继续革命的理论”写进总纲，取消了中央书记处、中央监察委员会和有关党员权利的规定，将林彪“是毛泽东同志的亲密战友和接班人”写入党章。

十大党章的结构与九大相同，共6章12条，不到2800字。第一章总纲，第二章党员（4条），第三章党的组织原则（3条），第四章党的中央组织（2条），第五章党的地方和军队中的组织（1条），第六章党的基层组织（2条）。由于林彪事件的发生，十大党章取消了关于林彪“是毛泽东同志的亲密战友和接班人”的提法，增写了“三要三不要”等内容，但继续坚持“无产阶级专政下继续革命的理论”，增补了“文化大革命”“今后还要进行多次”的内容。十大党章和九大党章的基本精神是一致的，都是“左”倾指导思想的产物。

十一大党章由总纲和5章共19条组成，5000余字，篇幅也比九大、十大党章有较大的充实。其中，第一章党员（7条），第二章党的组织制度（7条），第三章党的中央组织（2条），第四章党的地方和军队中的组织（1条），第五章党的基层组织（2条）。由于十一大认为“十大的政治路线和组织路线都是正确的”，因此，十一大党章除了恢复八大党章把总纲和各章分开的写法外，基本保持了十大党章的框架。其主要内容及修改点可以从两个大的方面进行概括。

第一个方面，十一大党章是在十大党章基本精神的基础上进行的修改和补充，实际上仍延续过去的“左”的思路，带有明显的历史局限性。

例如关于党的性质部分，十大党章“总纲”提出：“中国共产党是无产阶级的政党，是无产阶级的先锋队”。十一大党章修改补充为：“中国共产党是无产阶级的政党，是无产阶级的阶级组织的最高形式，是由无产阶级先进分子所组成的、领导无产阶级和革命群众对于阶级敌人进行战斗的朝气蓬勃的先锋队组织。”这个修改只强调了党对阶级斗争的领导，而没有反映出党对社会主义事业领导核心的作用，这是其明显的不足。

例如关于党在整个社会主义历史阶段的基本纲领，十一大党章修改草案对十大党章关于党的基本纲领作了修改，规定：“中国共产党在整个社会主义历史阶段的基本纲领，是坚持无产阶级专政下的继续革命，逐步消灭资产阶级和一切剥削阶级，用社会主义战胜资本主义。党的最终目的，是实现共产主义。”将“无产阶级专政下继续革命的理论”规定为党的基本纲领的内容之一，说明当时党没有能够完成对“左”的指导思想进行彻底清理的任务。

除了上述修改，十一大党章在总纲部分继续保留十大党章的两段提法：“社会主义社会是一个相当长的历史阶段。在这个历史阶段中，始终存在着阶级、阶级矛盾和阶级斗争，存在着社会主义同资本主义两条道路的斗争，存在着资本主义复辟的危险性，还存在着帝国主义、社会帝国主义进行颠覆和侵略的威胁。这些矛盾，只能靠无产阶级专政下继续革命的理论和实践来解决。”“我国的无产阶级文化大革命，就是在社会主义条件下，无产阶级反对资产阶级和一切剥削阶级，巩固无产阶级专政，防止资本主义复辟的政治大革命。这种性质的政治大革命，今后还要进行多次。”这些都表明，十一大党章没有能够认识和纠正“文化大革命”的错误理论和实践。

在大会讨论时，一些代表提出了不同意见。主要有：（1）总纲中第二段关于基本纲领的提法是很明确的，但是太抽象。建议写得稍微具体些，例如不断改革上层建筑、生产关系，大力发展生产力，增加社会财富，提高科学文化水平，逐步缩小三大差别等内容，是否可以写进去。（2）总纲部分在党的基本路线中提出“要继续开展阶级斗争、生产斗争和科学试验三大革命运动”后面，是否加上发展生产力或者提高劳动生产率的意思。（3）总纲部分在社会主义历史阶段“始终存在着阶级、阶级矛盾和阶级斗争”一句中的“始终”二字，毛主席从来没讲过，建议去掉。（4）对“中国共产党坚持在整个历史阶段的基本路线”一句，建议把“整个”去掉。在整个阶段都要加强无产阶级专政，这在理论上说不通。但在党章定稿时，这些意见没有被接受。

第二方面，十一大党章在一定程度上反映了揭批“四人帮”斗争和初步拨乱反正取得的成果，提出了一些新的认识和新的表述。

1. 十一大党章最突出的亮点，是在党章修改草案“总纲”部分增写了

“在本世纪内，党要领导全国各族人民把我国建设成为农业、工业、国防和科学技术现代化的社会主义强国”。

2. 根据揭批“四人帮”斗争的实际，在“总纲”部分对坚持“三要三不要”的基本原则，给予了比在十大党章中更加突出的位置。

3. 进一步认识到关于党的民主集中制的重要性，在“总纲”中增写了这方面的内容，并在其他有关条款中增添了一些必要的规定。主要有：

为了保障党员的民主权利，党章规定，党员有权对党的各级组织和各级领导工作人员提出批评和建议，并有权越级直至向中央委员会和中央委员会主席提出申诉；党员对于党组织的决议、指示，如有不同的意见，允许保留，并有权在党的会议上提出讨论，有权越级直至向中央委员会和中央委员会主席报告。决不允许任何人压制批评和打击报复。压制批评和打击报复的人，应当受到查究和处分。

为了在组织制度中突出全党必须服从民主集中制的纪律，党章规定：个人服从组织，少数服从多数，下级服从上级，全党服从中央。共产党员对于党组织的决议和上级的决定，绝不能采取自由主义态度，满意的就执行，不满意的就不执行，绝不能阳奉阴违，打着拥护的旗号，另搞一套。

十一大党章关于民主集中制的上述内容，吸收了大会代表的建议。8月15日，陈云在上海代表团讨论党章修改草案的会议上发言提出：党的章程修改草案第12条最后一段：“党员对于党组织的决议、指示，如有不同意见，有权在党的会议上提出讨论，并有权越级直至向中央委员会和中央委员会主席报告，但在行动上必须坚决执行”这一条中，应加上“允许保留意见”一句，并列举了党的七大、八大、九大、十大党章中的规定。会议接受了这个意见①。

还有的同志提出，在党章修改草案第12条第2段“党员有权对党的各级组织和各级领导工作人员提出批评和建议，并有权越级直至向中央委员会和中央委员会主席提出申诉”后，应加上“对党员的申诉，任何人不准

---

① 中共中央文献研究室编：《陈云年谱（修订本）》下卷，中央文献出版社2015年版，第236页。

扣除”的内容。

4. 在党章第 13 条中规定，党的中央委员会，地方县和县以上、军队团和团以上各级党的委员会，都设立纪律检查委员会。各级纪律检查委员会由同级党的委员会选举产生，并在同级党委的领导下进行工作。它的任务是：加强对党员的纪律教育，负责检查党员和党员干部执行纪律的情况，同各种违反党的纪律的行为作斗争，受理党员的申诉和控诉，并受理党外群众对党员的控诉。

这条规定受到大家的充分肯定。在讨论中，代表们表示：设立纪律检查委员会，是加强党的组织建设的重要举措。党要管党，有个纪律检查机构，便于党组织对党员进行监督和检查，同违法乱纪的行为作斗争。还有的同志说：“四人帮”及其党羽在我们党内为非作歹，违法乱纪，不仅搞资产阶级特权，而且搞封建主义的特权。为此，要加强党纪国法，要有规定制度，应该给纪律检查委员会以应有的权力。党的纪律检查委员会，希望设专职干部，不要兼职，并派党性强、威信高、铁面无私作风正派、敢于斗争的同志负责这项工作，绝对制止违法犯纪的行为。有的同志还建议中央统一搞个条例，以便有所遵循。有的同志建议规定：中央和军队纪律检查委员会，受同级党委和上级纪律检查委员会的双重领导。

5. 明确规定党要认真执行无产阶级的任人唯贤的干部路线，反对资产阶级的任人唯亲的干部路线；强调要培养和造就千百万无产阶级革命事业的接班人。

关于党章修改的报告提出：“四人帮”推行了一条反革命的修正主义干部路线，对他们的党羽，大加提拔重用，并采取打、压、拉和封官许愿的卑劣手段，收买干部，培植亲信。我们党的路线斗争的历史反复证明，任人唯亲的资产阶级干部路线是涣散党、瓦解党的毒剂，实行无产阶级的任人唯贤的干部路线，才能使党团结兴旺。

对任人唯亲的相关表述，在分组讨论中，有的同志提出了不同看法。8 月 15 日，张香山在中直机关代表团的讨论中提出：修改党章报告中第六条讲到任人唯亲的资产阶级干部路线问题，党章草案写了反对资产阶级的任人唯亲的干部路线。任人唯亲是资产阶级还是封建阶级的，我认为更多的是封建阶级的东西。是否适当修改一下。在我们社会主义国家，虽然要强调反对资产阶级思想，但不应忽视反对封建主义思想。还有一些高级领导干部生活中的问题，不是资产阶级法权问题，是封建式的贵族特权。封建思想在社会上、在政治生活中还有相当反映。买卖婚姻在农村还很多。所以，我们不仅要批资产阶级思想，也要批封建主义思想。

王殊在同一天中直机关代表团的讨论中提出：关于培养接班人的问题，要总结经验，绝对不能让王洪文之流作为我们的接班人。要怎么样的接班人，怎样锻炼和培养他们，对他们有什么要求，这些问题都要认真总结经验，吸取教训。如果对他们在政治上不作严格要求，放在温室里当官作老爷，再加上一些不正确的人拍马抬轿，好人也要变坏。

6. 强调保持和发扬党的优良传统和优良作风，突出强调群众路线和实事求是。

“总纲”中增写了一段：“全党必须保持和发扬群众路线、实事求是的优良传统，保持和发扬理论联系实际、密切联系群众、批评和自我批评的作风，保持和发扬谦虚谨慎、不骄不躁、艰苦奋斗的作风，防止党员、特别是党的领导干部利用职权谋取任何特权，同资产阶级思想和作风作坚决的斗争。”在“党员”“党的基层组织”等章中也作了相应补充。关于党章修改的报告中提出：我们党的优良传统和作风，是在长期的革命斗争中形成的，早已深深扎根于广大党员和干部中。这些优良传统和作风，是我们共产党人区别于其他任何政党的显著标志。近几年来，“四人帮”严重地破坏我们党的传统和作风，特别是破坏群众路线和实事求是的优良传统。受他们的影响，一部分党员和干部不同程度地滋长了不正之风，这种情形应当引起我们的严重警惕。

廖志高在福建、台湾省代表团就恢复和发扬党的优良传统作了发言。他提出：几年来，“四人帮”严重破坏了党的优良传统和作风，造成思想不纯、组织不纯和作风不纯。整党整风中，我们必须把这个问题作为重要问题之一来抓，彻底批判“不讲假话，办不成大事”的谬论。用新党章教育广大党员，教育各级领导同志，说老实话、办老实事、做老实人。加强调查研究，走群众路线，倾听群众 呼声，防止偏听偏信、主观臆断。大力提倡实事求是、谦虚谨慎，力戒浮夸和骄傲。他的发言引起了大家的共鸣。

7. 在对党员和党的基层组织的要求方面作了较大的修改和补充。主要有：对党员的义务要求比十大党章有所增加，增加了有关党员权利的内容；根据党的八大以来的经验教训，重新恢复党员预备期的制度，规定预备党员一律经过一年的预备期才能转为正式党员；郑重提出党的基层组织要发挥战斗堡垒作用。

十大党章对党员提出五条义务：（1）认真学习马克思主义、列宁主义、毛泽东思想，批判修正主义；（2）为中国和世界的大多数人谋利益；（3）能够团结大多数人，包括反对过自己反对错了并且认真改正错误的人，但是，要特别警惕个人野心家、阴谋家和两面派，防止这样的坏人篡夺党和国家的各级领导权，保证党和国家的领导权永远掌握在马克思主义革命家手里；（4）有事同群众商量；（5）勇于批评和自我批评。

十一大党章对党员提出八条义务：（1）认真学习马克思主义、列宁主义、毛泽东思想，批判资本主义，批判修正主义，努力改造世界观；（2）全心全意为人民服务，不为个人或少数人谋取私利；（3）团结党内外一切可以团结的人，包括反对过自己反对错了的人；（4）密切联系群众，有事同群众商量；（5）认真开展批评和自我批评，勇于改正自己的缺点和错误，敢于同违反党的原则的言论和行动作斗争；（6）维护党的统一，不参加并且反对任何分裂党的派别组织和派别活动；（7）对党忠诚老实，遵守党纪国法，严守党和国家的机密；（8）积极完成党交给的各项任务，在阶级斗争、生产斗争和科学实验三大革命运动中起先锋模范作用。同十大党章相比较，十一大党章对党员的要求提高了标准，修改和增补的一些条文，适应了当时党的现实情况，有着比较强的针对性。

此外，十一大党章参照七大、八大党章的有关条文，对党员权利作出了相应规定，这是对九大、十大党章取消党员权利的重要修订。七大党章规定党员有四条义务、四条权利，关于权利方面的规定包括党员有向党的任何机关直至中央提出建议和声明的权利；有在党的会议上批评党的任何工作人员的权利等。八大党章规定十条义务、七条权利，关于权利方面规定：党员有权在党的会议上或者在党的报刊上参加关于党的政策的理论和实际问题的自由的、切实的讨论；对于党的工作提出建议；在工作中充分发挥创造性；党内的选举权和被选举权；在党的会议上批评党的任何组织和任何工作人员；在党组织对自己作出处分或者鉴定性的决议的时候，要求亲自参加；对于党的决议如果有不同意的地方，除了无条件地执行以外，可以保留和向党的领导机关提出自己的意见；向党的任何一级组织直到中央委员会提出声明、申诉和控诉；等等。

十一大党章没有明确将党员权利的内容单列一条，而是将有关内容分散于第一章党员第六条、第二章党的组织制度第 12 条中，尽管在结构上有不足之处，但也体现出对“文化大革命”时期忽视党员权利的历史反思。其中规定：（1）党员有权对党的各级组织和各级领导工作人员提出批评和建议，并有权越级直至向中央委员会和中央委员会主席提出申诉。（2）党员对于党组织的决议、指示，如有不同的意见，允许保留，并有权在党的会议上提出讨论，有权越级直至向中央委员会和中央委员会主席报告，但在行动上必须坚决执行。（3）党的组织对党员作出处分决定时，除特殊情况外，应当通知受处分的本人到会。受处分的党员，对处分决定有不同意见，可以要求复议，并有权向上级党委直至中央委员会申诉。这些规定，对恢复党内正常生活的面貌，起到了积极作用。

对党章的上述修改内容，代表们是非常赞成的。他们表示：许多增补和修改的条文，都是同“四人帮”对我们党的建设的干扰和破坏针锋相对的。比如，过去党章取消了党员预备期的规定，“四人帮”利用这一点，搞“突击入党”“突击提干”，破坏了党的组织原则，使一些投机分子和坏分子混入了党内，造成党的组织严重不纯。现在草案规定了党员预备期，就从组织手续上堵塞了这些漏洞，便于对新党员进行教育和考察了解，保证新党员的政治质量。8 月 15 日，康世恩等代表在国家机关第一组讨论中建议：在党章草案第一章中加上：共产党员不能参加任何派别组织和派别活动。这条建议被大会吸收。

山东代表团在讨论中提出：下决心把整党整风搞好。首要的是搞好思想整顿。要普遍开展马克思主义教育运动，深入进行党的基本知识的教育、党规党法的教育，大力增强无产阶级党性，克服资产阶级派性。要下决心解决派性问题。“四人帮”搞的派性活动，煽动资产阶级派性和无政府主义，对党的肌体的腐蚀非常严重。这个问题一定要解决好。要认真落实对党员的要求和党的基层组织的任务。

谭启龙在 8 月 16 日青海省代表团的讨论中说：党章修改草案对党员要求更高更严了。将共产党员“无论何时何地都要以个人利益服从党和人民利益，不怕困难，不怕牺牲，为实现党的纲领积极工作，为共产主义事业奋斗终身”写入总纲，明确规定党员要在“三大革命运动中起先锋模范作用”，非常重要。我们跟随毛主席爬雪山、过草地，打败了日寇，打败了蒋介石，打败了美帝，最根本的一条就是党的领导，和党员一不怕苦、二不怕死的先锋模范作用。

有的同志建议，在十一大后，由中央发一个关于整党整风的文件，明确规定任务和方法。解决党内某些思想不纯、作风不纯和组织不纯的问题，其中对“四人帮”搞突击提干、突击入党所造成的严重问题，要根据新党章的规定精神，采取适当的政策和措施，予以解决。

有的同志建议，将党章草案“预备党员的预备期，从上级党委批准他入党之日算起”，改为“预备党员的预备期，从支部大会通过他入党之日算起”。这条建议没有被采纳，但相关精神后来体现在十二大党章之中。十二大党章明确规定：预备党员的预备期，从支部大会通过他为预备党员之日算起。

此外，党章草案第 7 条的规定：“党员革命意志衰退，不起党员作用，经多次教育仍无转变，可劝其退党。劝退党员必须经支部大会决定，并报上级党委批准。党员没有正当理由，六个月不参加党的组织生活，不做党所分配的工作，并且不交纳党费的，就被认为自行脱党。党员要求退党或自行脱党，由支部大会通过除名，并报上级党委备案。”一些与会代表对此提出建议：对突击入党的，应认真对待，不够条件的，要清除出党。党员革命意志衰退，劝其退党不退者，应有组织措施。关于自行脱党的规定，是指其中一项，还是三项，不明确。应是犯有一项经教育不能正视其错误者，应认为是自动退党，清除出党。

党章草案第 19 条讲到党的基层组织要发挥战斗堡垒作用，提出了 6 项基本任务，其中第 5 项内容是：发扬党内民主，开展批评和自我批评，揭露和消除工作中的缺点和错误，同违法乱纪、贪污浪费、官僚主义以及其他一切不良倾向作斗争。有的同志提出：建议在“开展批评和自我批评”之前，加上“严格组织生活”；在“揭露和消除工作中的缺点和错误”之后，加上“纠正不正之风”。有的同志提出，建议在第 19 条适当的地方加上“健全党的组织生活，定期召开党的小组会”。

围绕党章草案的讨论，大家还提出其他方面的意见和建议。主要有：（1）邓颖超提出：党章是我们作为一个好党员的准则，党的纪律是执行路线的保证。要强调宣传党章，党员要定期地学习党章，认真执行。对一切违反党章的言行，要进行批评和斗争。湖南省代表团提出，希望中央统一编写关于党章的教材。（2）党对领导干部特别是党的高级干部要进行监督，严格要求。必要的供给部分要照顾，但一定要有个制度，不能越来越多，越来越高。我们国家现在并不富，人民的生活还很低。应该有个制度，不能任意扩大，搞个人特权。（3）“四人帮”为篡党夺权搞的帮派体系，在党内群众中影响很大。解决这个问题，除要从理论上、思想上彻底批判外，还有必要搞几条法规，像 1941 年延安整风那样中央作出一些规定，明确整党的重点。（4）建议恢复中央书记处，处理中央日常工作，同时加强中央组织部。（5）建议规定：党的中央委员会每年最好召开一次中央全会。（6）党章第 14 条讲了国家机关设立党组，中央机关各部和工、青、妇、群众团体是否设立党委，应予明确规定。建议成立中直党委，恢复中宣部，加强对文化团体、理论刊物出版部门的领导。（7）建议恢复监察委员会，因为纪律检查委员会权限太小。（8）总支委员会最好是每两年选举一次，和基层委员会一样。（9）十大党章写了“红卫兵”“红小兵”，等于把少先队取消了。建议中央批准恢复少年先锋队组织。（10）建议在适当的地方加上：共产党员要实事求是，说老实话，做老实事。（11）建议把担任各级领导职务的党员要自觉地参加支部组织生活的内容写进党章。如党的高级干部也要参加党的组织生活，实行思想公开。（12）建议将入党后应举行宣誓仪式的内容写进党章。（13）处理人民群众来信来访问题非常重要，各级党委应当重视。（14）建议把会议中大家提的意见，综合整理上报新的中央，交有关部门研究，负责解决。

经过代表们的讨论，1977年8月18日，党的十一大通过了《中国共产党章程》。8月24日，《人民日报》全文公布。由于当时历史条件的限制，十一大通过的党章，无论在内容和结构上都还不完善，有些内容和条文仍然沿袭了“文化大革命”中的一些错误提法。1980年1月，党中央决定正式开始进行党章的修改工作。1982年党的十二大通过的新党章，清除了十一大党章中“左”的错误，继承和发展了七大、八大党章的优点，系统地总结历史上党的建设的经验和反映党的现实生活的要求，将原来十一大党章5章19条的篇幅，扩充为10章50条，1.35余万字。

四、中共第十一届中央委员会的产生和大会闭幕

党的十一大的第三项议程，是选举产生新一届中央委员会。

党的十一大召开前，在揭批“四人帮”的斗争中，从1976年10月到1977年8月，马天水、于会泳、王秀珍、刘湘屏、金祖敏、徐景贤、唐岐山、唐忠富、谢静宜等28名十届中央委员和14名候补中央委员陆续被隔离审查，有的被开除党籍，撤销党内外一切职务，有的被逮捕[①]。

对十一届中央委员、候补中央委员候选名单的提名，中央作了认真的

① 中共中央组织部、中共中央党史研究室、中央档案馆：《中国共产党组织史资料》第7卷（上），中共党史出版社2000年版，第67页。

酝酿和准备。这也是代表们非常关注的问题。8月11日下午，十一大召开预备会议。就在同一天上午，解放军代表团在徐向前主持下开会，全团249人参加，讨论十一大的开法和对中央委员会的选举问题。大家建议：（1）大会要发扬毛主席亲自主持的七大的光荣传统，充分发扬民主，各种意见都可以发表。（2）要把中央委员和候补中央委员的履历表发给代表，便于大家讨论。（3）中委和候补中委中，在第十次、第十一次路线斗争中犯了错误的，要向大会作检讨，像犯了王明错误路线的同志在七大作检讨一样。犯了错误可以当选，但要把自己的问题讲清楚。（4）要允许代表提候选人以外的人选。

在大会期间，中直机关代表团的代表还建议，酝酿中央委员会名单的时间要增加一天为好，以利于大家作出负责的选举。

8月14日下午3时半，华国锋、叶剑英、邓小平、李先念、汪东兴在人民大会堂福建厅开会，研究第十一届中央委员、候补中央委员候选人名单。8月15日晚，十一大主席团召开第二次会议，讨论第十一届中央委员和候补中央委员候选人名单建议。华国锋在讲话中说：按照原定的日程，是明天晚上召开这一次主席团会议，后来商量，为了使主席团的同志有较充分的时间酝酿和讨论，所以提前一天开。这一次提名第十一届中央委员、候补中央委员，我们汲取了九大、十大的经验。九大、十大搞得有点仓促，加上也有林彪、“四人帮”一伙的捣乱，所以，这一次我们着手得比较早，搞得比较细致，准备得比较充分。

8月16日晚，大会主席团召开第三次全体会议，布置并讨论选举问题，通过了第十一届中央委员、候补中央委员候选名单，共333人。邓小平在会上就中央委员候选人名单发表意见。他说：我个人看法，主席团主席、副主席和许多同志的共同看法，整个名单是好的，是一个好的中央委员会。当然，在一个名单里不可能考虑得那么完全、周到，所以我建议，我们主席团通过这个名单。下面讨论当中还会有些意见，应该让代表在讨论中充分发表自己的意见。但是，如果主席团赞成这个名单，我希望大家下去做点工作。至于选举的时候，谁要画○，谁要打×，那是代表的神圣的职责，没有任何人能够干预，他是有权利这样做的[①]。

8月17日上午和下午，各代表团对十一届中央委员和候补中央委员候选人名单进行酝酿。晚上，中央召开代表团团长会议，听取酝酿候选人名单情况的汇报。

各代表团在讨论过程中提出了一些建议和意见。邓颖超认为：选举中央委员会，是一件十分严肃认真的事。七大选举时非常严格，正式选举前先进行一次预选。建议选举十一届中央委员时，把候选人的简历填在表上。选举中央政治局委员时更应慎重，使党中央的领导核心更加坚强、纯洁。

对候选人名单中少数在第十一次路线斗争中犯过错误的同志，大家提出：希望这些同志向中央、向同志们作诚恳的检查，至少要表个态，以取得同志们的谅解。有的代表还建议政治局委员适当增加一些，因为我们党大国大，党和国家的重大工作十分繁重，需要有较多的政治局同志来领导。在选中央政治局委员时，应该比选中央委员更慎重。建议用比较长一点的时间酝酿中央委员名单。

8月18日下午3时，大会举行第三次全体会议，邓小平任大会执行主席，宣布选举程序和办法。代表们以无记名投票方式，选出中央委员201人，候补中央委员132人，组成第十一届中央委员会。会议通过关于政治报告的决议，通过新的中国共产党章程和关于修改党的章程的报告。

在新产生的第十一届中央委员会中，上届中央委员更换了79名，占总数的46%；新当选的中央委员97名，占总数的48%。一方面，邓小平等老一辈无产阶级革命家和许多重新恢复工作的原中央及地方党政各部门主要负责人被选入中央领导机构；另一方面，也有少数继续坚持“左”倾错误，在“文化大革命”中“造反”起家的人[②]。

中央委员名单如下（按姓氏笔画为序）：

---

① 中共中央文献研究室编：《邓小平年谱（1975—1997）》（上），中央文献出版社2004年版，第181—182页。

② 中共中央组织部、中共中央党史研究室、中央档案馆：《中国共产党组织史资料》第7卷（上），中共党史出版社2000年版，第48页。

丁可则、丁国钰、于桑、于明涛、于洪亮、万达、万里、马力、马辉、马文瑞、马兴元、天宝、王平、王诤、王猛、王谦、王晨、王震、王一平、王世泰、王必成、王光宇、王秀秀（女）、王茂全、王林鹤、王国藩、王首道、王恩茂、王超柱、韦国清、尤太忠、毛致用、乌兰夫、方毅、邓小平、邓颖超（女）、孔原、孔石泉、孔照年、巴桑（女）、叶飞、叶剑英、白如冰、白栋材、冯铉、司马义·艾买提、邢燕子（女）、吕玉兰（女）、吕正操、乔晓光、朱光亚、朱穆之、伍修权、任荣、任仲夷、任思忠、华国锋、刘伟、刘震、刘子厚、刘光涛、刘兴元、刘伯承、刘建勋、刘春樵、刘锡昌、江华、江礼银、江拥辉、江渭清、池必卿、安平生、许世友、许家屯、阮泊生、纪登奎、杜义德、杨勇、杨成武、杨易辰、杨得志、杨静仁、苏静、苏振华、苏毅然、李达、李强、李子元、李井泉、李水清、李世俊、李先念、李任之、李志民、李启明、李葆华、李瑞山、李德生、肖华、肖克、肖劲光、吴德、吴全清、吴桂贤（女）、余秋里、谷牧、希候巴、汪锋、汪东兴、汪明章、宋平、宋时轮、张才千、张玉华、张平化、张立宪、张廷发、张劲夫、张爱萍、张铚秀、张富贵、张富恒、张鼎丞、陈云、陈丕显、陈永贵、陈伟达、陈奇涵、陈国栋、陈锡联、陈福汉、陈慕华（女）、陈璞如、林乎加、林李明、林丽韫（女）、罗青长、罗瑞卿、周纯麟、周建人、宝日勒岱（女）、宗希云、胡立教、胡耀邦、郝建秀（女）、赵志坚、赵苍璧、赵辛初、赵紫阳、段君毅、饶兴礼、姚依林、贺诚、秦基伟、耿飚、耿起昌、聂凤智、聂荣臻、钱之光、钱正英（女）、铁瑛、倪志福、徐向前、郭玉峰、郭沫若、唐克、姬鹏飞、黄华、黄镇、黄欧东、黄知真、曹里怀、曹轶欧（女）、康世恩、康克清（女）、鹿田计、梁必业、韩英、韩先楚、彭冲、彭绍辉、覃应机、粟裕、程子华、储江、焦林义、鲁大东、曾绍山、曾思玉、解学恭、蔡畅（女）、蔡啸、廖汉生、廖志高、廖承志、赛福鼎、谭启龙、谭震林、樊德玲、薛金达、霍士廉、戴光前。

候补中央委员名单如下（按姓氏笔画为序）：

丁长华（女）、七林旺丹、卜谷香、马明、马金花（女）、马思忠、王六生、王扶之、王君绍、王尚荣、王金山、王金友、王金玲（女）、任增旺杰、毛信贤（女）、文香兰（女）、邓华、厉日耐、左崇义、卢钟阳、申茂功、冉桂英（女）、冯占武、冯品德、肉孜·吐尔迪、吕和、吕存姐（女）、吕需国、朱绍清、向仲华、任质斌、刘西尧、刘志坚、刘明辉、刘重桂、刘振华、刘维明、刘道生、刘瑞庆、江燮元、关泽海、许彪俊、孙雪梅（女）、纪英林、杜平、杜学然、杨大易、杨永良、杨俊生、杨富珍（女）、李化民、李巧云（女）、李成芳、李守林、李坚真（女）、李昌安、李学智、李祖根、李继良、李耀文、肖寒、肖望东、吴忠、吴火金、吴向比、吴克华、吴冷西、吴金全、岑国荣、邹家华、宋庆友、沈初云（女）、张震、张令彬、张怀连、张林池、张积慧、张植弟、张耀祠、陆金龙、陈仁甫、陈玉宝、陈永林、陈先瑞、陈作霖、陈爱娥（女）、金明汉、周子健、周阿庆、郑三生、柳志强、胡松、胡良才、胡金娣（女）、赵兴元、赵学全、赵武成、钟夫翔、贺晋年、袁宝华、贾那布尔、热地、顾秀莲（女）、钱学森、徐驰、徐立清、郭凤莲（女）、郭耀卿、高厚良、唐亮、唐克碧（女）、唐闻生（女）、梅松林、黄作珍、黄荣海、黄新廷、曹思明、盘美英（女）、康林、尉凤英（女）、蒋宝娣（女）、程义太、谢正荣、蔡凤兰（女）、谭文贞（女）、谭善和、黎原、潘时兴、薛金莲（女）、冀桂昕、戴苏理、魏兴政。

新一届中央委员会产生后，在热烈的掌声中，邓小平在大会第三次全体会议上致闭幕词。

对于闭幕词，邓小平在十一大召开之前就已经在思考。1977 年 8 月 3 日下午，邓小平同胡乔木、于光远、邓力群谈话，商议为他起草在十一大的讲话稿、撰写一篇关于三个世界的文章等问题。邓小平说：我在这个会上想讲一讲，不要太长。重点是讲民主集中制与作风。民主集中制问题，上次在全会（指中共十届三中全会）上未发挥。民主集中制是我们党的根本制度。讲作风，实际上是对延安作风的阐述。根据延安作风，形成一个又有集中又有民主，又有纪律又有自由，又有统一意志，又有个人心情舒畅、生动活泼，那样一种政治局面。要讲一个学风，一个党风，一个唯物主义认识论，一个民主集中制。“两个凡是”不行。形而上学多了，害死人。有一种风气，不采取老实态度，就是吹。这不行。要讲老实，吹只能骗自己。你不讲多少产量，但外国人一算就算出来了。这个稿子要写得生动些，要从实际出发。我讲过，不能用毛主席的只言片语损害毛泽东思想体系。讲毛泽东思想，不在引用很多毛主席的话，而在发挥他的根本思想。只是把语录集中起来并不好，不要这样，我向来引用少①。

邓小平在闭幕词中指出：我们一定要恢复和发扬毛主席为我们党树立的群众路线的优良传统和作风，真正相信和依靠群众，细心倾听群众呼声，关心群众疾苦，一刻也不脱离群众。我们一定要恢复和发扬毛主席为我们党树立的实事求是的优良传统和作风，做老实人，说老实话，办老实事，这是一个共产党员的起码标准。我们一定要恢复和发扬毛主席为我们党树立的批评和自我批评的优良传统和作风，在党内和整个人民内部，认真实行“知无不言，言无不尽”，“言者无罪，闻者足戒”的原则，实行团结——批评——团结的方针。我们一定要恢复和发扬毛主席为我们党树立的谦虚谨慎、戒骄戒躁、艰苦奋斗的优良传统和作风，全心全意地为中国人民和世界人民服务。我们一定要恢复和发扬毛主席为我们党树立的民主集中制的优良传统和作风，在全党、全军、全国努力造成一个又有集中又有民主，又有纪律又有自由，又有统一意志，又有个人心情舒畅、生动活泼，那样一种政治局面②。邓小平还指出：粉碎“四人帮”以来，我们已经取得重大的胜利。但是，还有许多问题有待我们去解决，还有不少困难有待我们去克服。我们深信，只要我们真正地信任群众，依靠群众，就一定能够战胜一个一个困难，取得一个一个新胜利③。

在雄壮的《国际歌》声中，党的十一大闭幕了。

---

① 中共中央文献研究室编：《邓小平年谱（1975—1997）》（上），中央文献出版社2004年版，第182页。

② 中共中央文献研究室编：《邓小平年谱（1975—1997）》（上），中央文献出版社2004年版，第182页。

③ 《中国共产党第十一次全国代表大会新闻公报》（1977年8月18日），《人民日报》1977年8月21日。

8月19日，党的十一届一中全会召开。全会选举华国锋为中央委员会主席，叶剑英、邓小平、李先念、汪东兴为副主席；华国锋、叶剑英、邓小平、李先念、汪东兴为中央政治局常务委员会委员；华国锋、韦国清、乌兰夫、方毅、邓小平、叶剑英、刘伯承、许世友、纪登奎、苏振华、李先念、李德生、吴德、余秋里、汪东兴、张廷发、陈永贵、陈锡联、耿飚、聂荣臻、倪志福、徐向前、彭冲为中央政治局委员；陈慕华、赵紫阳、赛福鼎中央政治局候补委员。全会通过中共中央军委名单，华国锋为主席，叶剑英、邓小平、刘伯承、徐向前、聂荣臻为副主席。

第五章　在历史的转折中

一、党和国家政治生活正常秩序的逐步恢复

根据十一大的部署，党中央采取一系列举措，恢复和建立党委、党组，召开五届全国人大一次会议和全国政协五届一次会议，推动各民主党派和工商联陆续调整或重建机构，相继召开共青团、工会、妇联的全国代表大会。此外，党中央还召开全国科学大会，恢复了统管科研工作的领导机构，在全国上下兴起了向科学技术现代化进军的热潮。尽管当时党的指导思想还没有从根本上转变，但在“文化大革命”中被打乱的党和国家政治生活的正常秩序逐步得到恢复，开始走上正轨。

党的十一大后，中央于 1977 年 9 月 4 日发出通知。通知说：根据党的十一大通过的《中国共产党章程》的有关规定，中央一级国家机关和人民团体的领导小组或党的核心小组，改称党组。现任领导小组或党的核心小组组长、副组长、成员，分别改称党组书记、副书记、党组成员。地方各级国家机关和人民团体的领导小组或党的核心小组，也要按上述原则办理。党中央各部委和相当于部委一级的单位，尚未建立党委的，应建立党委。从 1977 年 10 月起，各省、市、自治区相继召开新的一届党代表会议，选举产生了新一届党委。与此同时，在中央直属机关和中央国家机关及人民团体中，陆续恢复建立党委或党组。新产生的党委或党组，注意清除追随“四人帮”的帮派分子，启用了大批在“文化大革命”中被打倒的久经考验的老干部。

与此同时，中央及各级领导班子也进行了调整，开始选拔优秀中青年

干部进入各级领导班子。1978 年，中共中央调整了 125 个中央直属机关、中央国家机关的工作部门和省、自治区、直辖市的党委领导班子，其中调整面较大的有 14 个省、直辖市和 23 个部、委、总局；全年任免中央管理的干部 1300 多名；为一些单位选调干部 3800 多名；经过考察了解，掌握近千名拟担任地级以上领导职务的后备干部名单①。党在各地区、各部门的领导力量得到充实和加强。

十一大后，根据党章关于重新恢复设置党的纪律检查委员会的条款，中央纪委的组建提上中央的议事日程。中央政治局责成中央组织部提出候选人名单。中央组织部做了大量工作，进行了全国范围的考察，于 1978 年 10 月 25 日提出一个中央纪委候选人初步名单。11 月 30 日，中央政治局常委对中央纪委的组成问题作了指示。根据指示，中央组织部对名单进行了调整，并于 12 月 2 日向中央报送《关于中央纪律检查委员会组成问题的请示报告》。在《请示报告》中，中央纪委候选人名单草案共 88 人，其中，书记、副书记 14 人，常委 17 人，委员 57 人。中央政治局讨论后提出，将《请示报告》印发中央工作会议，征求并集中大家的意见，向十一届三中全会提出建议。12 月 16 日，中央组织部第三次向中央提出报告。报告说："经工作会议各小组认真讨论，基本同意 12 月 2 日上报的名单，同时提出了增补和调换的意见。"经过增补和调换，中央纪委的候选人名单增加到 99 人，其中，书记、副书记 15 人，常委 23 人，委员 61 人。中央政治局对名单又作了调整，增加了 1 名候选人，总人数达到 100 人。这个名单提交到党的十一届三中全会审议和选举，最终确定下来。

由于国家形势发生的重大变化，十一大提出的提前召开第五届全国人民代表大会和对各级政权组织进行调整的任务，也势在必行。在 1976 年粉碎"四人帮"后不久的打招呼会议上，党中央就考虑提前召开第五届全国人民代表大会，同时召开政协第五届全国委员会的问题。在 1977 年 3 月中央工作会议和 8 月党的十一大上，中央均提出在召开第五届全国人大的同

① 中共中央组织部、中共中央党史研究室、中央档案馆：《中国共产党组织史资料》第 7 卷（上），中共党史出版社 2000 年版，第 3 页。

时召开全国政协五届一次会议的建议。十一大以后，中央指定相关同志成立了几个工作小组，开展相应的准备工作。1977 年 10 月 23 日，华国锋在四届全国人大常委会第四次会议上代表中共中央向全国人大常委会提出，提前在 1978 年春季召开第五届全国人民代表大会，同时召开中国人民政治协商会议第五届全国委员会的建议[①]。

随后，全国政协第四届常委会第七次扩大会议在 1977 年 12 月 27 日至 29 日召开。这是政协恢复活动后举行的第一次常委会，中共中央对此十分重视，华国锋、叶剑英、邓小平、李先念等党和国家领导人出席。会议一致拥护中共中央的提议，决定在 1978 年春召开全国政协五届一次会议，并列席同时举行的五届全国人大一次会议。1978 年 2 月，政协第四届全国委员会常务委员会举行第八次会议，经过充分协商，通过了政协第五届全国委员会委员名单、工作报告草稿和政协章程修改草案，以及政协第五届全国委员会第一次会议召开的时间等事项。这两次会议为全国政协五届一次会议的召开作了政治上和组织上的准备。

根据中央的要求，各省、市、自治区从 1977 年 11 月起，相继召开新一届人民代表大会，对各级政权组织进行调整，选举新一届政府领导人，为五届全国人大的召开作了组织准备。1978 年 2 月 18 日至 23 日，党的十一届二中全会讨论并通过了准备提交五届全国人大一次会议审议的政府工作报告和相关文件。

1978 年 2 月 26 日至 3 月 5 日，五届全国人大一次会议在北京举行。出席大会的代表共 3456 人。华国锋代表国务院作题为《团结起来，为建设社会主义的现代化强国而奋斗》的政府工作报告。会议重申在 20 世纪内实现四个现代化的奋斗目标，通过《一九七六年至一九八五年发展国民经济十年规划纲要》和重新修订的《中华人民共和国宪法》，选举叶剑英为五届全国人大常委会委员长，任命华国锋为国务院总理，邓小平、李先念、徐向前、纪登奎、余秋里、陈锡联、耿飚、陈永贵、方毅、王震、谷

---

① 《第四届全国人民代表大会常务委员会举行第四次会议，决定明春召开五届人大第一次会议》，《人民日报》1977 年 10 月 25 日。

牧、康世恩、陈慕华等13人为国务院副总理，大会还决定了国务院的组成人选。同四届全国人大一次会议相比，这一届全国人大常委会和国务院领导成员中，“文化大革命”中的造反派代表人物没有了，一些难以胜任国家领导工作的劳动模范代表改任了相应的工作，一批德高望重的老一辈革命家重新回到国家领导岗位①。

大会通过的《中华人民共和国宪法》，共60条，分为序言，第一章总纲，第二章国家机构，第三章公民的基本权利和义务，第四章国旗、国徽、首都。它基本恢复了1954年宪法中一些好的原则和内容，并以根本大法的形式，规定了新时期的总任务，即在20世纪末把我国建设成为农业、工业、国防和科学技术现代化的伟大的社会主义强国。但是，它又把“坚持无产阶级专政下继续革命”列入总任务中，还保留了公民有运用大鸣、大放、大辩论、大字报的权利等条款。

大会还恢复了1975年四届全国人大一次会议时撤销的最高人民检察院，选举江华为最高人民法院院长，黄火青为最高人民检察院检察长。早在1977年10月，中央就下达了关于征求修改宪法意见的通知。在反馈的意见中，全国有19个省、自治区、直辖市和人民解放军8大军区，35个中共中央直属机关、国家机关及军事机关，都提出了“重新设立人民检察院”的建议。中共中央和中央修改宪法小组接受各地区、各部门和广大人民群众的正确意见，在宪法第二章第四十三条规定重新设置人民检察院。根据宪法的规定，最高人民检察院筹备组开始了最高人民检察院自身的组建工作，并领导全国各省、自治区、直辖市人民检察院的筹建工作。1978年6月1日，最高人民检察院启用印鉴，正式办公。截至同年9月底，全国29个（除台湾省）省、自治区、直辖市都已任命了检察长②。除了加速人民检察机关的建设外，党中央还在1978年6月29日发出通知，决定成立由黄火青等6人组成的中央政法小组。这些都标志着社会主义的法制建设开始得到恢复，党对政法工作的统一领导得到了进一步加强。

---

① 《中国共产党历史》第二卷（1949—1978），中共党史出版社2011年版，第1006页。

② 参见《当代中国的检察制度》，中国社会科学出版社1987年版，第183—185页。

1978年2月24日至3月8日，全国政协五届一次会议在北京举行。这时距1964年12月全国政协四届一次会议已经过去了13年。出席会议的有1988人，比上届委员人数增加2/3，包括中国共产党、中国人民解放军的代表，各民主党派、各民族、各条战线的代表及台湾同胞、港澳同胞和归国华侨。这届委员会组成的广泛性充分体现了各族人民和各种爱国力量在中国共产党领导下的大团结[①]。会议通过了《中国人民政治协商会议章程》，重申中国人民政治协商会议是中国共产党领导下的革命统一战线组织。会议选举产生新一届政协领导成员，邓小平当选为第五届全国政协主席，乌兰夫等22人当选为副主席。

3月8日下午，邓小平在全国政协五届一次会议闭幕式上发表讲话。他指出：各方面人士济济一堂，共商国家大事。这是一个发扬社会主义民主的大会，是一个调动各方面积极因素，来共同实现新时期总任务的大会。现在，我国进入了一个新的发展时期。实现社会主义的四个现代化，是前所未有的伟大事业，是一场极其深刻的革命。我国革命统一战线必将在实现新时期总任务的斗争中，在向四个现代化的伟大进军中，发挥它的重要作用。

全国政协五届一次会议闭幕后，政协工作开始逐步恢复。在此过程中，也存在着一些问题。根据政协会议通过的《中国人民政治协商会议章程》，省、自治区、直辖市以外的其他地方“有必要的时候，也可以设地方委员会”，但地方委员会的设置范围限制得很窄，只有像“重庆那样的大城市”才能设立地方政协。这样，“文化大革命”前，全国曾设置政协的40个省辖大市的区、省辖市和773个县（旗），除重庆、武汉、西安、沈阳、广州、南京等少数省辖市的地方政协外，都无法恢复、重建。这对于自上而下地开展统战工作，带来了许多限制和实际困难，而且原来作了政治安排的以及尚需安排的各界党外人士，也都无从继续安排。这个问题直到中共十一届三中全会以后才逐步得到解决[②]。

① 参见《当代中国的人民政协》，当代中国出版社1993年版，第248页。

② 参见《当代中国的统一战线》（下），当代中国出版社1996年版，第7—8页。

1978 年 3 月，邓小平在全国政协五届一次会议上当选为全国政协主席。

五届全国人大一次会议和全国政协五届一次会议的召开，对推进拨乱反正，加快社会主义现代化建设作了进一步动员，对国家工作正常秩序的恢复起到了推动作用。从1978年起，全国人大与全国政协届次完全同步。1985年后，全国“两会”在3月召开成为惯例。“两会”因在党和国家的政治生活中发挥愈来愈重要的作用而受到广泛关注。

全国政协五届一次会议召开后，各民主党派和工商联陆续开展工作。1977年5月，中央统战部分别向中共中央报送了关于爱国民主党派、全国工商联开展活动问题的请示报告。报告提出，“文化大革命”以来，各民主党派、工商联组织一直停止活动，他们的成员特别是上层人士普遍关心恢复组织活动，建议中共中央邀集各民主党派和工商联的负责人座谈。中共中央对此非常重视。9月，中共中央召开全国各省、自治区、直辖市党委组织部部长、统战部部长会议，主要讨论帮助各民主党派恢复活动的问题。10月，中央统战部同各民主党派、工商联的负责人协商恢复和开展各民主党派、工商联组织活动事宜，首先是恢复、建立各民主党派中央的领导班子。经过各民主党派酝酿并由他们在其领导层和在京常委商议，确定：领导班子健全的，不再变动；正副主席都没有的，提出临时领导班子的组成人员和负责人名单；主席空缺、只有几位副主席的，商定临时负责人；领导班子人员过少的，补充一、二人①。

1977年冬，民革中央临时领导小组、民盟中央临时领导小组、民建中央临时领导小组、民进中央临时领导小组、农工党中央临时领导小组、九三学社中央临时领导小组、台盟中央总部临时领导小组、全国工商联临时领导小组陆续成立。各省、市地方组织也相继成立临时领导小组。在整顿加强各级领导班子、重建基层组织的基础上，各民主党派和工商联逐渐恢复正常工作。

此外，被拖延了十多年的工会、共青团、妇联的全国代表大会相继召开，根据社会主义现代化建设任务的需要，制定新的工作章程，选举新一

① 参见《当代中国的统一战线》(下)，当代中国出版社1996年版，第8页。

届领导成员。1978 年 9 月 8 日至 17 日召开的中国妇女第四次全国代表大会，通过新修订的《中华妇女联合会章程》，选举康克清为全国妇联主席，蔡畅、邓颖超为全国妇联名誉主席。1978 年 10 月 11 日至 21 日召开的中国工会第九次全国代表大会，通过新修订的《中国工会章程》，选举倪志福为总工会主席。1978 年 10 月 16 日至 26 日召开的中国共产主义青年团第十次全国代表大会，通过新修订的《中国共产主义青年团章程》，选举韩英为团中央第一书记。共青团十大召开前，中共中央于 8 月 19 日批转了共青团十大筹备委员会《关于红卫兵问题的请示报告》。《请示报告》指出："作为文化大革命中产生的红卫兵组织，已经完成了它的历史使命。现在，学校共青团组织早已恢复，工作在不断加强；少先队和学生会也正在恢复。红卫兵的存在，使学校中学生组织重叠，学生干部负担过重，矛盾很多。普遍认为，红卫兵组织可以不再继续存在了。"文件下发后，红卫兵组织即行撤销[①]。随后，共青团十届一中全会于 10 月 27 日通过决议：我国少年儿童组织仍恢复中国少年先锋队的名称（简称少先队）。会议还通过新的《中国少年先锋队队章》和《中国少年先锋队队歌》。"文化大革命"中出现的小学红小兵组织即行撤销。

在党的十一大政治报告中，明确提出要在适当的时候召开全国科学大会。十一大结束后不久，这个重要会议很快得到落实。1977 年 9 月 18 日，中央发出《关于召开全国科学大会的通知》，同时决定成立国家科学技术委员会。由于"四人帮"插手科技领域很深，破坏极其严重，广大科技工作者对此义愤填膺，他们是以衷心拥护和欢欣鼓舞的心情来迎接这次大会的。1978 年 3 月 18 日至 31 日，全国科学大会隆重召开，近 6000 名代表出席。邓小平在开幕式上发表讲话，阐述了科学技术是生产力的著名论断。他指出：在这个问题上，"四人帮"曾经喧嚣一时，颠倒是非，搞乱了人们的思想。科学技术是生产力，这是马克思主义历来的观点。承认科学技术是生产力，就连带要答复一个问题：怎么看待科学研究这种脑力劳动？

---

① 中央教育科学研究所编：《中华人民共和国教育大事记》（1949—1982），教育科学出版社 1983 年版，第 525 页。

科学技术正在成为越来越重要的生产力，那么，从事科学技术工作的人是不是劳动者呢？在社会主义历史时期中，只要还存在着阶级矛盾和阶级斗争，知识分子就需要注意解决是否坚持工人阶级立场的问题。但总的说来，他们的绝大多数已经是工人阶级和劳动人民自己的知识分子，因此也可以说，已经是工人阶级自己的一部分。他们与体力劳动者的区别，只是社会分工的不同。从事体力劳动的，从事脑力劳动的，都是社会主义社会的劳动者。华国锋在大会上作了《提高整个中华民族的科学文化水平》的报告。大会制定了《1978—1985 年全国科学技术发展规划纲要（草案）》，号召大家树雄心、立壮志，向科学技术现代化进军。大会表彰了 826 个先进集体、1192 名先进科技工作者和 7657 项优秀科研成果的完成单位和个人。

党中央召开全国科学大会的目的，是要动员全党全国重视科学技术，制定规划，表彰先进，研究加速发展科学技术的措施。这次大会不仅圆满完成了既定目标，而且有力推动了科教领域的拨乱反正。邓小平代表中央所作的报告，强调“现代化的关键是科学技术现代化”，重申“科学技术是生产力”这一马克思主义基本观点，澄清了长期以来束缚我国科学技术发展的重大理论是非问题。特别是讲话明确提出知识分子是“工人阶级自己的一部分”，这是对十一大政治报告关于知识分子阶级属性问题上的重大突破，也是对 1956 年党的知识分子会议所作正确判断的回归，多年来对知识分子的“左”的政策由此得到扭转。

全国科学大会后，党中央根据我国知识分子队伍的实际状况，于 1978 年 10 月作出决定，对知识分子不再提团结、教育、改造的方针。胡耀邦在中央组织部召开的落实党的知识分子政策座谈会上的讲话中说：我们的知识分子队伍人数已有两千多万。随着社会主义革命和建设事业的发展，我们的整个干部队伍、知识分子队伍都发生了很大的变化。我们自己培养出来的知识分子已经占知识分子队伍中的绝大多数。我国知识分子队伍的状况已经发生了一系列根本的变化，因此，我们党在建国前后提出来的，以旧社会过来的知识分子为主要对象的团结、教育、改造这个方针，现在已经不适用了。我们的一些同志还有糊涂认识，不仅看不到知识分子的进步，

1978 年 3 月 18 日至 31 日，全国科学大会在北京召开。图为大会会场。

邓小平在全国科学大会上作重要讲话。

而且对知识分子产生了一种偏见和厌恶心理，总觉得他们不行，不是自己人。邓小平同志在全国科学大会开幕式上的讲话中，肯定知识分子的绝大多数是工人阶级的一部分，有的人就说怎么提法与过去不同了？情况变了嘛，邓小平同志是根据变化了的情况说的，这是正确地坚持了毛泽东思想[①]。

党和国家政治生活的正常秩序逐步恢复的过程，也是拨乱反正不断推进的过程。党中央根据实践的发展和变化，逐渐纠正了十一大政治报告中的若干提法，体现了党对历史经验教训的反思和总结。

二、真理标准问题大讨论和伟大转折的实现

党的十一大之后，中央于 1977 年 9 月下发“四人帮”罪证材料之三《“四人帮”在各个领域散布的反动谬论》，揭批“四人帮”的运动继续展开。“由于林彪、‘四人帮’在很大程度上是利用毛泽东发动‘文化大革命’来进行他们的罪恶活动的，深入揭批‘四人帮’，就不能不触及毛泽东和‘文化大革命’的错误。因此，随着时间的推移，敢不敢于正视毛泽东发动和领导‘文化大革命’的错误，敢不敢于追溯‘文化大革命’以前党的指导思想上的错误（它们是导致‘文化大革命’的前因），就成为对我们党的政治勇气和领导能力的巨大考验。”[②]

在十一大政治报告中，中央提出，要认真组织力量研究党史，学习和总结党的历史经验，特别是第九次、第十次、第十一次路线斗争的经验。1977 年底，根据中央要求，中央党校正式成立了第九次、第十次、第十一次路线斗争专题研究小组，负责起草研究三次路线斗争的学习材料，这实际上是“文化大革命”以来党的历史的研究。在讨论过程中，胡耀邦明确提出，党史研究中辨别路线是非的标准是实践检验而不是文件对照。经过反复修改，在 1978 年 4 月形成《关于研究第九次、第十次、第十一次路线斗争的若干问题》（提要，征求意见稿）。提要提出了三条研究党

① 《胡耀邦文选》，人民出版社 2015 年版，第 104—105 页。
② 《龚育之文存》（上），上海人民出版社 2000 年版，第 36 页。

史应遵循的原则："第一，应当完整地准确地运用马列主义、毛泽东思想的基本原理（包括毛主席关于无产阶级文化大革命的全面论述和一系列指示）的精神实质，来进行研究。""第二，应当以实践为检验真理、辨别路线是非的标准，实事求是地进行研究。""第三，应当以研究总结第十一次路线斗争为基础，对第九次、第十次、第十一次路线斗争进行综合研究。"党校学员对这份提要展开了热烈探讨。第一类意见认为，对"文化大革命"的历史必然性和伟大成就肯定不够，论述不够；对毛主席的路线阐述不够，毛主席的旗帜举得不高，对刘少奇的"反革命修正主义路线"批判不够，等等。第二类意见认为，对"文化大革命"的严重错误揭露批判不够；对"文化大革命"中的许多重要事件和历史的全过程没有讲清楚，有些不该回避的问题回避了；提要本身就没有完全贯彻实践检验的真理标准，不是彻底的唯物主义。第三类意见认为，三次路线斗争很复杂，很多问题都很敏感，能够写出这样一份提要已经不容易了，不要有过高的要求。很多问题有待于事实的澄清，更有待于中央作出正式的结论。在学习讨论中，尽管意见分歧很大，难以达到共识，但对以实践作为检验党内路线斗争是非的标准，没有人公开表示反对意见。这一讨论的举措本身，就是对被党的十一大重新肯定的"文化大革命"禁区的一次强有力的冲击，是对"左"的长期思想禁锢的一次突破和松动。中央党校关于党内三次路线斗争问题的学习讨论，为真理标准大讨论作了一定的思想上和理论上的准备①。

正是在对党的历史的反思中，一些思想敏锐、走在拨乱反正斗争前列的干部和理论工作者，不约而同地提出了检验真理标准的问题。1978 年 5 月 10 日，中央党校内部刊物《理论动态》刊登经中央党校副校长胡耀邦审定的《实践是检验真理的唯一标准》一文。第二天，《光明日报》以特约评论员名义公开发表这篇文章，新华社全文转发。文章的观点鲜明而尖锐：社会实践不仅是检验真理的标准，而且是唯一的标准。马克思主义的理论

① 参见金春明：《真理标准大讨论的一支前奏曲》，《北京党史研究》1998 年第 3 期。

宝库不是一堆僵死不变的教条，对“四人帮”设置的禁区“要敢于去触及，敢于去弄清是非”。共产党人不能拿现成的公式去限制、宰割、剪裁无限丰富的飞速发展的革命实践，应该勇于研究新的实践中提出的新问题。只有这样，才是对待马克思主义的正确态度。文章发表后，在广大干部群众中引起强烈反响。

《实践是检验真理的唯一标准》阐述的问题本来是马克思主义的常识，但由于它同“两个凡是”对立，又触及盛行多年的思想僵化和个人崇拜现象，因此受到一些人的指责。在真理标准问题大讨论面临压力之时，邓小平旗帜鲜明地予以支持。他发表讲话，号召肃清林彪、“四人帮”的流毒，拨乱反正，打破精神枷锁，“使我们的思想来个大解放”。在老一辈革命家的支持和推动下，在不长的时间里，中央及省级报刊共刊登了650多篇讨论文章。关于真理标准问题的讨论冲破阻力，势不可挡地向前发展，形成了思想解放的滚滚浪潮。真理标准问题大讨论，有力批判了危害多年的极左思潮，恢复马克思主义的思想路线，反思过去的曲折，求索未来的道路，党内出现了酝酿对外开放和对若干体制进行改革的新局面。

在这个历史背景下，1978年12月，党的十一届三中全会召开。全会之前，中央于11月10日至12月15日召开中央工作会议，陈云等率先提出解决历史遗留问题，引起热烈反响。会议就真理标准问题进行了几次思想交锋。在与会者的强烈要求下，中央政治局在11月25日宣布为天安门事件、为“薄一波等六十一人叛徒集团”案等错案平反，解决了一大批重大历史遗留问题。12月13日，邓小平在中央工作会议闭幕会上作《解放思想，实事求是，团结一致向前看》的重要讲话，明确提出：一个党，一个国家，一个民族，如果一切从本本出发，思想僵化，迷信盛行，那它就不能前进，它的生机就停止了，就要亡党亡国。这篇讲话实际成为随后召开的十一届三中全会的主题报告。

1978年12月18日至22日，党的十一届三中全会召开。出席会议的有中央委员、候补中央委员和中央有关部门负责同志共290人。全会的主要任务，是讨论通过中央政治局关于从1979年1月起，把全党工作重点转

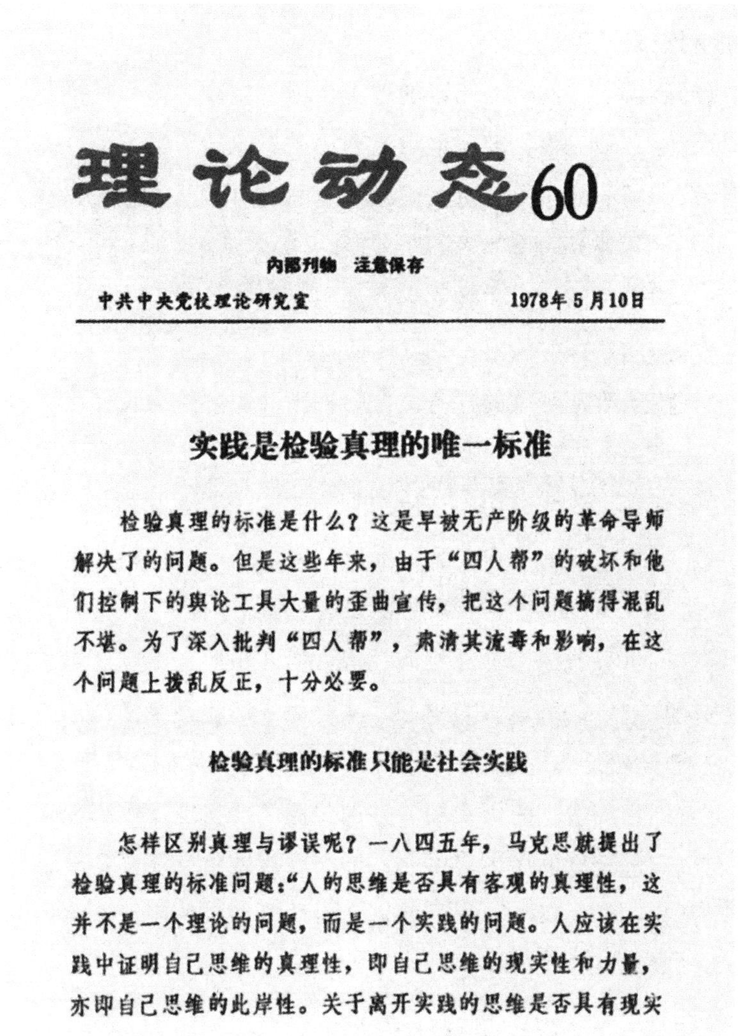

理论动态 60

内部刊物　注意保存

中共中央党校理论研究室　　1978年5月10日

实践是检验真理的唯一标准

检验真理的标准是什么？这是早被无产阶级的革命导师解决了的问题。但是这些年来，由于“四人帮”的破坏和他们控制下的舆论工具大量的歪曲宣传，把这个问题搞得混乱不堪。为了深入批判“四人帮”，肃清其流毒和影响，在这个问题上拨乱反正，十分必要。

检验真理的标准只能是社会实践

怎样区别真理与谬误呢？一八四五年，马克思就提出了检验真理的标准问题：“人的思维是否具有客观的真理性，这并不是一个理论的问题，而是一个实践的问题。人应该在实践中证明自己思维的真理性，即自己思维的现实性和力量，亦即自己思维的此岸性。关于离开实践的思维是否具有现实

1978年5月10日，中共中央党校内部刊物《理论动态》第60期发表《实践是检验真理的唯一标准》。

移到社会主义现代化建设上来的意见；同时审议通过关于农业问题的两个文件和 1979 年、1980 年国民经济安排；讨论人事问题和选举成立中央纪律检查委员会。在中央工作会议充分讨论并取得共识的基础上，十一届三中全会顺利完成了各项议程。

会议冲破长期“左”的错误的严重束缚，批判“两个凡是”的错误方针，充分肯定必须完整、准确地掌握毛泽东思想的科学体系，高度评价关于真理标准问题的大讨论，重新确立了党的实事求是的思想路线。全会果断停止使用“以阶级斗争为纲”的口号，决定从 1979 年起，把全党的工作重点和全国人民的注意力转移到社会主义现代化建设上来，从而解决了 1957 年以来没有解决好的工作重点转移问题。

全会提出了改革开放的任务。全会指出：实现四个现代化，要求大幅度地提高生产力，也就必然要求多方面地改变同生产力发展不适应的生产关系和上层建筑，改变一切不适应的管理方式、活动方式和思想方式，因而是一场广泛、深刻的革命。全会提出：要采取一系列新的重大的经济措施，对经济管理体制和经营管理方法进行认真的改革，在自力更生的基础上积极发展同世界各国平等互利的经济合作。由此，中国开始了从“以阶级斗争为纲”到以经济建设为中心、从僵化半僵化到全面改革、从封闭半封闭到对外开放的历史性转变。

全会总结和吸取党的历史经验教训，提出要实现民主制度化、法律化的任务；决定健全党的民主集中制，健全党规党法，严肃党纪。全会在评判“两个凡是”的同时，还强调要正确对待毛泽东的历史地位和毛泽东思想的科学体系，为坚持和发展毛泽东思想指明了方向。

全会增选了中央领导机构，增选陈云为中央政治局委员、政治局常务委员、中央委员会副主席；增选邓颖超、胡耀邦、王震为中央政治局委员；增补黄克诚、宋任穷、胡乔木、习仲勋、王任重、黄火青、陈再道、韩光、周惠为中央委员。全会选举产生了由 100 人组成的中央纪律检查委员会，陈云为中央纪律检查委员会第一书记，邓颖超为第二书记，胡耀邦为第三书记，黄克诚为常务书记。会后，华国锋虽然仍担任

党的十一届三中全会会场。

党的十一届三中全会主席台。左起：陈云、邓小平、华国锋、叶剑英、李先念、汪东兴。

党中央主席，但就体现党的正确指导思想以及决定改革开放和社会主义现代化建设的重大方针政策来说，邓小平实际上已经成为党的中央领导集体的核心。

十一届三中全会的胜利召开，结束了党和国家工作在徘徊中前进的局面。全会重新确立了马克思主义的思想路线、政治路线、组织路线，实现了党和国家工作中心战略转移，开启了我国改革开放和社会主义现代化建设的新时期，实现了新中国成立以来党的历史上具有深远意义的伟大转折。在此后的几十年时间里，中国共产党始终不渝地坚持了这次全会确立的路线方针政策。

三、党的指导思想拨乱反正胜利完成

十一届三中全会后，中国共产党解放思想、实事求是，把实践作为检验真理的唯一标准，真正掌握了拨乱反正的主动权。党以巨大的政治勇气，一步步对“文化大革命”的错误进行了清理。而改革开放的丰富实践，也推动着党对社会主义重大理论问题研究的不断深入。

1979 年 1 月 3 日，胡乔木在中央宣传部碰头会上，就关于社会主义时期阶级斗争的一些提法问题作了发言。他提出几个需要迫切解决的理论问题：一是“无产阶级专政下继续革命”这个口号，究竟是什么涵义，它的科学根据是什么，继续使用好不好，值得重新研究。这不仅是一个理论问题，也是一个现实问题。它与如何估计目前和今后的阶级斗争有关，也与如何解释正确处理人民内部矛盾的理论有关。今后，这种涵义不清的口号，在现实生活中仍然可能成为不安定的因素，至少在一段时间内不要在报刊上讲。二是对于社会主义时期阶级斗争的形式和作用的认识。如在社会主义社会“这个历史阶段中，始终存在着阶级、阶级矛盾和阶级斗争”，这种“始终存在”的错误提法，在逻辑上讲不通，迫切需要纠正。此外，“以阶级斗争为纲”应当怎样理解，党内斗争是否都是社会阶级斗争的反映，是否都是路线斗争？党的历史是否只是路线斗争的历史？需要重新研究和探讨的问题还有许多。我们一定要把马列主义、毛泽东思想搞准确，维护

邓小平在党的十一届三中全会上。

陈云在党的十一届三中全会上。

它的严整的科学思想体系[①]。

胡乔木提出需要继续讨论和研究的上述问题，大多写进了十一大的政治报告。对涉及党的十一大路线一些提法的问题是否可以讨论？对此，邓小平在1979年3月《坚持四项基本原则》的讲话中指出：党的路线同党的一切决议一样，总是要在实践中受检验的，这是毛泽东同志讲过多次的道理。不能说一种提法一经党的代表大会通过，就不能对它的正确性作任何讨论，否则下次代表大会怎么会提出新的提法呢？党的历届代表大会的决议，在下届代表大会之前，中央根据实际情况的变化而不得不作出必要的修改，是常有的事。党的十一大制定的路线，也由于实际情况的变化和对于实际情况认识的变化，由历届中央全会特别是三中全会作了一些必要的调整，今后也还可能作某些必要的调整。这是完全正常的。但是按照党的纪律，对于涉及十一大路线一些提法的讨论，除了中央已经正式决定的以外，应该限于党的适当的会议，不应该超出这个范围[②]。

在党的十一届三中全会果断停止使用“以阶级斗争为纲”的口号之后，党中央对十一大的一些提法，根据实践的发展，作了必要的调整，并最终彻底否定“文化大革命”，完成了指导思想拨乱反正的任务。这是一个历史的发展过程。

1979年3月，邓小平在讲话中重新对社会主义社会的主要矛盾进行了正确阐述。他指出：“我们的生产力发展水平很低，远远不能满足人民和国家的需要，这就是我们目前时期的主要矛盾，解决这个主要矛盾就是我们的中心任务。”在此基础上，他对社会主义社会的阶级斗争、“无产阶级专政下继续革命”的提法进行了清理。邓小平认为：社会主义社会中的阶级斗争是一个客观存在，不应该缩小，也不应该夸大。实践证明，无论缩小或者夸大，两者都要犯严重的错误。无产阶级专政下继续革命这个提法，如果按照提出的当时的解释，即所谓“向走资派夺权”，也就是撇开党委闹革命，打倒一切，实践已经证明是错误的。至于作出新的解释，可以在

① 《胡乔木谈中共党史》，人民出版社1999年版，第24—28页。

② 《邓小平文选》第2卷，人民出版社1994年版，第183页。

党内继续研究①。

到1979年新中国成立30周年前夕，党中央在对新中国历史进行全面回顾和研究的基础上，郑重地对“文化大革命”进行初步总结。1979年9月30日，叶剑英代表中共中央、全国人大常委会和国务院在庆祝中华人民共和国成立30周年集会上发表讲话。这个讲话明确提出要批判林彪、“四人帮”反革命阴谋集团的极左路线，并对这个极左路线的主要特征，从思想上、政治上、经济上、文化上、组织上进行了比较全面的分析，认为林彪、“四人帮”所依靠的骨干力量是一小撮野心分子、冒险分子、出卖灵魂的投机分子、蜕化变质分子以及一些破坏成性的社会渣滓。这一小股反社会主义势力的聚集和滋长，正是他们制造的所谓阶级斗争的必然结果。这一切就形成了他们向无产阶级政党和社会主义国家全面夺权、向各民族各阶层人民实行镇压的理论纲领和行动纲领，造成了在党和国家的政治生活中由他们少数人强制大多数人的极端反常的局面。叶剑英在讲话中还提出：林彪、“四人帮”的横行，从反面给了全党和全国人民极其深刻的教训。这些教训主要有：第一，社会主义取代资本主义，就是要解放生产力，不断提高劳动生产率，满足人民物质和文化生活的需要。无产阶级取得了全国政权，特别是建立了社会主义制度之后，必须坚定不移地把工作重点放在经济建设上，大力发展社会生产力，逐步改善人民生活。除非发生国外敌人的大规模入侵，绝不能因为出现这样那样的干扰而离开我们的工作重心。第二，对社会主义制度确立以后的国内阶级状况和阶级斗争形势，必须作出合乎客观实际的科学分析，采取正确的方针和方法。我国的剥削阶级作为阶级已经消灭，阶级斗争在一定范围内仍然存在。我们既要反对认为阶级斗争已经熄灭的观点，又要反对把阶级斗争扩大化的观点，更不能人为地制造所谓阶级斗争。一定要严格区分两类不同性质的矛盾，绝不能把人民内部矛盾当作敌我矛盾，更不能用对敌斗争的方法来进行党内斗争。第三，必须正确理解群众、阶级、政党和领袖之间的相互关系，这在社会主

① 《邓小平文选》第2卷，人民出版社1994年版，第181—182页。

义社会中尤其重要。必须在党内生活和国家生活中充分发扬民主，在各级组织中坚持民主集中制，实行集体领导。不能少数人说了算，不能搞“一言堂”，不能容许任何个人凌驾于组织和群众之上。第四，必须进一步健全党的纪律和社会主义法制，切实保障全体党员和全体公民的民主权利，使党内民主和社会主义民主制度化、法律化。从党的领导者到每个党员，从国家领导人到每个公民，在党纪和国法面前人人平等，绝不允许有不受党纪约束的特殊党员和不受法律约束的特殊公民，绝不允许有凌驾于党纪国法之上的特权[①]。这些总结，不仅对十一大政治报告在揭批“四人帮”斗争中提出的一些不够科学、不够明晰的结论作了廓清，而且在理论和认识上也大大前进了一步。

在对“文化大革命”的教训进行初步总结的过程中，党中央顺应广大党员干部的呼声，采取切实举措，健全党规党法。1980 年 2 月，党的十一届五中全会通过《关于党内政治生活的若干准则》。《准则》总结了历史上党内政治生活的经验教训，把党章的有关规定和民主集中制的原则具体化，提出 12 个方面的要求：坚持党的政治路线和思想路线；坚持集体领导，反对个人专断；坚持党的集中统一，严格遵守党的纪律；坚持党性，根绝派性；要讲真话，言行一致；发扬党内民主，正确对待不同意见；保障党员的权利不受侵犯；选举要充分体现选举人的意志；同错误倾向和坏人坏事作斗争；正确对待犯错误的同志；接受党和群众的监督，不准搞特权；努力学习，做到又红又专。《准则》的公布和施行，对于恢复和健全党内民主，维护党的集中统一、严肃党的纪律、促进党的团结，保证改革开放和社会主义现代化建设顺利进行，发挥了重要作用。

党的十一届五中全会还作出为刘少奇平反的决定，彻底推翻了强加给刘少奇的种种罪名，恢复了刘少奇作为伟大的马克思主义者和无产阶级革命家、党和国家主要领导人之一的名誉。这也是拨“文化大革命”之乱的重要举措。在 1980 年 5 月 17 日的刘少奇追悼大会上，邓小平代表党中央

① 叶剑英：《在庆祝中华人民共和国成立三十周年大会上的讲话》，《人民日报》1979 年 9 月 30 日。

致悼词，高度评价刘少奇为中国革命和建设事业所作的杰出贡献和优秀品德。他饱含感情地说："历史对新中国的每个创建者和领导者都是公正的，不会忘记任何人的功绩。和毛泽东同志、周恩来同志、朱德同志一样，刘少奇同志将永远活在我国各族人民的心中。"为刘少奇平反，表明中国共产党是一个实事求是、有错必纠、严肃认真、光明磊落的马克思主义政党。党和人民也从中深刻认识到加强民主集中制、加强民主法制建设的极端重要性。

要把全党全国各族人民的思想统一到十一届三中全会路线方针政策上来，必须正确认识和科学总结新中国成立以来党所走过的道路。为此，党中央作出制定《关于建国以来党的若干历史问题的决议》的决议。1979 年 11 月，在邓小平亲自领导下，党中央成立《关于建国以来党的若干历史问题的决议》起草小组。邓小平提出，《决议》要体现三条总的原则：第一，确立毛泽东同志的历史地位，坚持和发展毛泽东思想，是最核心的一条。第二，对建国 30 年来历史上的大事，要进行实事求是的分析，包括一些负责同志的功过是非，要做出公正的评价。第三，通过这个决议对过去的事情做个基本的总结。这个总结宜粗不宜细。总结过去是为了引导大家团结一致向前看。

1980 年 8 月，邓小平两次会见意大利记者奥琳埃娜 · 法拉奇，以坦荡的历史胸襟和客观鲜明的政治态度，回答了国内外高度关注的中国共产党对毛泽东的评价问题。他说：毛主席多次从危机中把党和国家挽救过来。没有毛主席，至少我们中国人民还要在黑暗中摸索更长的时间。此后，邓小平多次强调，对毛泽东的功过的评价要实事求是、恰如其分。毛泽东思想这个旗帜丢不得，丢掉了这个旗帜，实际上就否定了我们党的光辉历史。不写或不坚持毛泽东思想，我们要犯历史性的大错误。

对邓小平的上述意见，中央纪委常务书记黄克诚非常赞同。这位自 1959 年起就受到"左"倾错误长期迫害的老共产党人，在对毛泽东的评价和对毛泽东思想的态度问题上展现出坚定的党性和强烈的政治责任感。他在 1981 年 4 月发表文章，深情回忆毛泽东为中国革命立下的不朽功勋，对毛泽东晚年所犯的错误及其原因进行实事求是的剖析，语重心长地提出：毛泽东思想的精髓和基本原则永远是我们共产党人和革命人民的精神武器，指导我们不断将革命推向前进。“毛泽东思想作为一个科学体系，有一个不断丰富和发展的过程。我们不应苛求前人，只能通过我们后人的斗争实践弥补前人的不足，不断丰富和发展毛泽东思想，在这面光辉的旗帜上写下新的篇章。”①

1981 年 6 月，党的十一届六中全会通过《关于建国以来党的若干历史问题的决议》。《决议》指出：中华人民共和国成立以后的历史，总的说来，是我们党在马克思列宁主义、毛泽东思想指导下，领导全国各族人民进行社会主义革命和社会主义建设并取得巨大成就的历史。《决议》彻底否定了“文化大革命”和“无产阶级专政下继续革命”的错误理论，实事求是地评价毛泽东的历史地位，充分肯定毛泽东思想作为党的指导思想的伟大意义。《决议》指出：毛泽东是伟大的马克思主义者，是伟大的无产阶级革命家、战略家和理论家。就他的一生来看，他对中国革命的功绩远远大于他的过失。他的功绩是第一位的，错误是第二位的。《决议》将毛泽东晚年的错误同毛泽东思想加以区别，指出毛泽东思想是马克思列宁主义在中国的运用和发展，是被实践证明了的关于中国革命的正确的理论原则和经验总结，是中国共产党集体智慧的结晶，是党的宝贵的精神财富，将长期指导我们的行动。《决议》还对十一届三中全会以来党逐步确立的适合我国情况的社会主义现代化建设正确道路的主要点作了十个方面的概括，如：明确我国社会的主要矛盾是人民日益增长的物质文化需要同落后的社会生产之间的矛盾，解决这个矛盾就是我们的中心任务。这些概括，实际上初步提出了在中国建设什么样的社会主义和怎样建设社会主义的问题。

在“文化大革命”结束不到五年的时间里，中国共产党正确解决了正确科学评价毛泽东的历史地位和毛泽东思想的科学体系、根据新的实

---

① 黄克诚：《关于对毛主席评价和对毛泽东思想的态度问题》，《人民日报》1981 年 4 月 11 日。

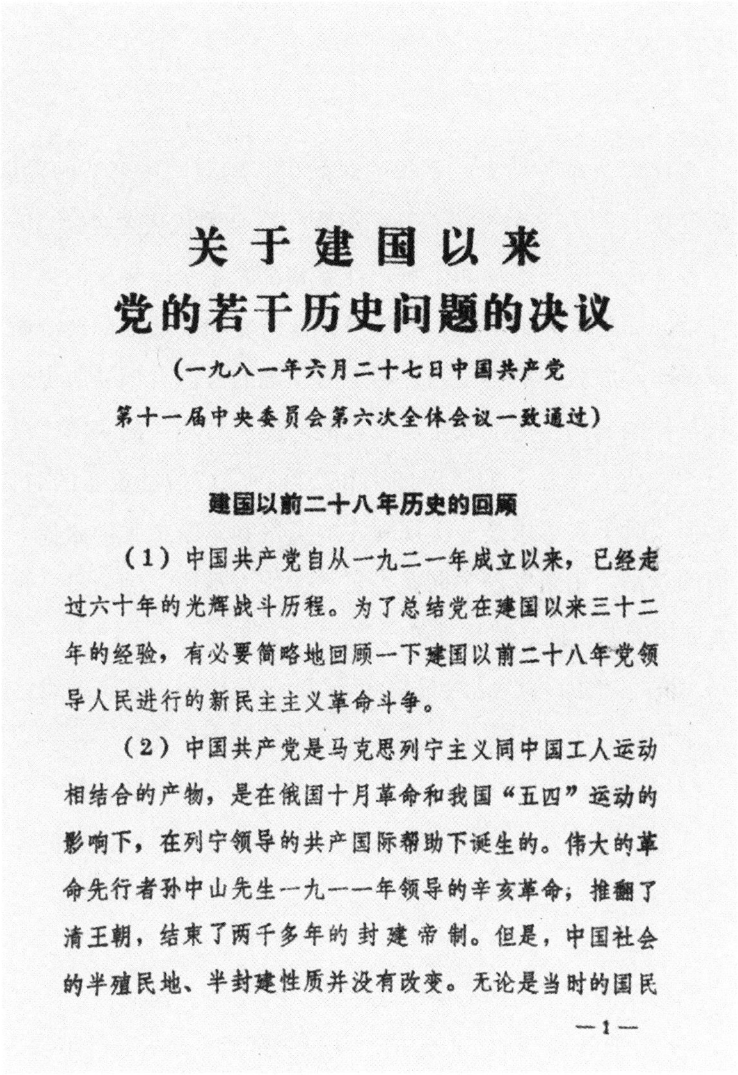

关于建国以来党的若干历史问题的决议

（一九八一年六月二十七日中国共产党第十一届中央委员会第六次全体会议一致通过）

建国以前二十八年历史的回顾

（1）中国共产党自从一九二一年成立以来，已经走过六十年的光辉战斗历程。为了总结党在建国以来三十二年的经验，有必要简略地回顾一下建国以前二十八年党领导人民进行的新民主主义革命斗争。

（2）中国共产党是马克思列宁主义同中国工人运动相结合的产物，是在俄国十月革命和我国“五四”运动的影响下，在列宁领导的共产国际帮助下诞生的。伟大的革命先行者孙中山先生一九一一年领导的辛亥革命，推翻了清王朝，结束了两千多年的封建帝制。但是，中国社会的半殖民地、半封建性质并没有改变。无论是当时的国民

— 1 —

党的十一届六中全会通过《关于建国以来党的若干历史问题的决议》。

际和发展要求确立中国社会主义现代化建设正确道路这样两个相互联系的重大历史课题，为党和国家发展确定了正确方向。《关于建国以来党的若干历史问题的决议》的制定，标志着党在指导思想上的拨乱反正胜利完成。

结语

在“文化大革命”结束后不长的时间里，顺应国内形势的发展变化，中国共产党在 1977 年 8 月提前召开了第十一次全国代表大会。当时，党力图摆脱十年内乱造成的破坏和影响，开展和部署了全国规模的揭批“四人帮”的斗争，提出“抓纲治国”的口号，为恢复和发展国民经济做了很多工作，取得一定成效。历史已经开始走向正确的方向。但受历史惯性的影响和时代条件的制约，这次大会还没有能够摆脱“左”的束缚，没有能够彻底否定“文化大革命”的错误理论和实践，完成拨乱反正的时代课题。但无论如何，敢于实事求是、正视现实的勇气和不断扩大的眼界，日益深入的反思和总结，不断发展了彻底否定“文化大革命”的力量，预示着党的十一大后中国的走向必然是改革开放。

1978 年后，中国共产党人最终依靠自己的力量，解放思想，实事求是，通过十一届三中全会到十一届六中全会的努力，实现了从“以阶级斗争为纲”到以经济建设为中心的战略转变，胜利完成了党在指导思想上拨乱反正的任务。改革开放和中国特色社会主义，随着时代前进的步伐不断地向前发展。

马克思在《路易 · 波拿巴的雾月十八日》中说过：“人们自己创造自己的历史，但是他们并不是随心所欲地创造，并不是在他们自己选定的条件下创造，而是在直接碰到的、既定的、从过去继承下来的条件下创造。”① 这就是历史，也是我们的历史观。当我们试图努力记录过往的历史时，马克思这段充满哲理的话语，总会让人受到启发和警醒。

---

① 《马克思恩格斯选集》第 1 卷，人民出版社 2012 年版，第 669 页。

第六章　中共十一大研究概述

在中共党史学界，一直没有中断对历届中国共产党全国代表大会的研究。因为每一次党代会的召开，都会对其所处时期的革命、建设和改革产生重大影响，折射出时代的变迁。特别是1982年党的十二大以后，党代会根据党章的规定，每五年召开一次，实现了制度化。加上中国改革开放所取得的伟大成就和中国共产党的巨大影响力，中国共产党全国代表大会的召开，成为举世瞩目的大事。随着改革开放以来党情、国情、世情的发展和变化，学术界对党代会历史的研究也在持续推进。1977年召开中国共产党第十一次全国代表大会，至今已过去了40多年。对这次大会的研究概况，可以从以下几个方面进行考察。

一、关于中共十一大的历史文献资料

中共十一大召开后不久，1977年8月22日，《人民日报》、《红旗》杂志、《解放军报》发表了题为《伟大的里程碑——热烈祝贺党的十一大胜利闭幕》的社论。随后，人民出版社于同年8月出版了《中国共产党第十一次全国代表大会文件汇编》。《汇编》收录的篇目主要有：华国锋在中国共产党第十一次全国代表大会上的政治报告、中国共产党第十一次全国代表大会关于政治报告的决议、中国共产党章程、叶剑英在中国共产党第十一次全国代表大会上关于修改党的章程的报告、邓小平在中国共产党第十一次全国代表大会上的闭幕词、中国共产党第十一次全国代表大会新闻公报、中国共产党第十一次全国代表大会主席团名单、中国共产党第十一届中央委员会委员和候补委员名单、中国共产党第十一届中央委员会第一次全体会议新闻公报，以及会场照片 24 幅，共 6.7 万字。这是最早公开的关于十一大的第一手资料。

为了准备十一大的召开，中共中央于 1977 年 7 月召开十届三中全会。相关的报刊资料，主要见于《人民日报》1977 年 7 月 23 日刊发的《中国共产党第十届中央委员会第三次全体会议公报》、“两报一刊”社论《历史性的会议》，以及为数不多的新闻报道稿。而动议提前召开十一大的 1977 年 3 月中央工作会议的史料，则未见于报端。

倘若做细致耐心的翻拣工作，在已出版的党和国家领导人的文选、文集、年谱、传记中，还可以搜集到一些相关的史料。人民出版社 1994 年出版的《邓小平文选》第二卷，以《完整地准确地理解毛泽东思想》为题，收录了邓小平在中共十届三中全会上讲话的一部分。在《对起草〈关于建国以来党的若干历史问题的决议〉的意见》一文中，涉及邓小平对十一大的评价，认为“对十一大，不要说什么路线错误”。在《坚持四项基本原则》一文中，邓小平谈到对涉及党的十一大路线一些提法的问题是否可以讨论时提出：“党的十一大制定的路线，也由于实际情况的变化和对于实际情况认识的变化，由历届中央全会特别是三中全会作了一些必要的调整，今后也还可能作某些必要的调整。这是完全正常的。但是按照党的纪律，对于涉及十一大路线一些提法的讨论，除了中央已经正式决定的以外，应该限于党的适当的会议，不应该超出这个范围。”这些内容，有助于我们用发展的眼光来考察党的十一大及其此后党的理论与实践的演变。中央文献出版社 2004 年出版的中共中央文献研究室编的《邓小平年谱（1975—1997）》，收录了邓小平与十一大相关的条目，如 1977 年 8 月 3 日条，同胡乔木、于光远、邓力群谈话，商议起草在十一大的讲话稿；8 月 16 日条，在大会主席团第三次全体会议上对中央委员候选人名单发表意见，等等。人民出版社 2015 年出版的中央文献研究室编的《陈云年谱》，收录了 1977 年 7 月下旬姚依林致信陈云，谈及对党章修改草案的具体修改意见，以及陈云 8 月 14 日在上海代表团讨论政治报告的发言、8 月 15 日讨论党章修改草案的发言。军事科学出版社出版的《粟裕文选》（1949.10—

1984.1），收录了粟裕 1977 年 7 月 20 日在中共十届三中全会华东组讨论时的发言、8 月 15 日在中共十一大解放军代表团第一组会议上发言的部分节录。聂荣臻在十一大解放军代表团就党的建设问题所作的书面发言，后经修改以《恢复和发扬党的优良作风》发表于《红旗》杂志第 9 期，《人民日报》于 1977 年 9 月 5 日转载。

相对于其他的党代会，中共十一大的历史文献资料比较缺乏。研究者必须下大力气爬梳史料，才有可能全面客观地呈现出这段历史的进程和原貌。

二、党史基本著作中的中共十一大

在社会主义革命和建设时期党史基本著作的编撰中，1981 年中共十一届六中全会通过的《关于建国以来党的若干历史问题的决议》（以下简称《历史决议》）是一个重要的遵循。

《历史决议》认为："一九七七年八月召开的党的第十一次全国代表大会，在揭批'四人帮'和动员全党建设社会主义现代化强国方面起了积极作用。但是，由于当时历史条件的限制和华国锋同志的错误影响，这次大会没有能够纠正'文化大革命'的错误理论、政策和口号，反而加以肯定。"

人民出版社出版的中央文献研究室《〈关于建国以来党的若干历史问题的决议〉注释本》（以下简称《注释本》），对中共十一大的注释条目，根据《历史决议》的上述评价进行了拓展："华国锋在《政治报告》中把粉碎'四人帮'说成是'无产阶级文化大革命的又一个伟大胜利'，认为指导'文化大革命'的所谓'无产阶级专政下继续革命的理论'，'是当代马克思主义最重要的成果'，并把'坚持党的基本路线，坚持无产阶级专政下继续革命'作为十一大路线的基本内容肯定下来。报告根本没有提到党在'文化大革命'中的严重'左'倾错误，认定'四人帮'推行的是一条所谓的'极右的反革命的修正主义路线'，因此提出党面临的任务是'反右'而不是纠'左'。这些错误及其影响，直到党的十一届三中全会以后才逐步得到纠正。这次大会通过的党章虽然对十大的党章作了许多修改，增加了不少正确的内容，但还保留九大、十大党章中关于‘无产阶级专政下继续革命的理论’等错误提法。”

《历史决议》和《注释本》的这些基本判断被此后的中共党史基本著作所吸收。

1991年，中共中央党史研究室著、胡绳主编的《中国共产党的七十年》对中共十一大的评价如下：“提早举行这次大会，以便确定党的工作方针，选出新的中央委员会，显然是必要的。会议总结了同江青反革命集团的斗争，宣告历时十年的‘文化大革命’已经结束，重申在本世纪内把我国建设成为社会主义的现代化强国是新时期的根本任务，还修改了中国共产党章程。”“中共十一大和五届全国人大一次会议本应为‘文化大革命’结束后的新时期制定正确的路线、方针，但是这两次会议没有能完成这样的任务。这是由于当时的党中央没有能在根本思想上彻底清理‘文化大革命’时期和多年来党内的‘左’的错误，而担任党的主席的华国锋仍在一系列重大问题上继续犯了‘左’的错误。”“华国锋虽然在粉碎江青反革命集团的斗争中有功，也试图结束‘文化大革命’造成的混乱，但他没有从根本上认清‘文化大革命’的问题，特别是没有认清‘文化大革命’和毛泽东晚年错误的关系。他没有识力和胆力来解决既要彻底清除‘文化大革命’的错误，又要维护毛泽东的历史地位和毛泽东思想作为党的指导思想的地位这样一个复杂的问题。他不知道，只有如实地指出毛泽东晚年发动和坚持‘文化大革命’的错误，并加以纠正，才能继承以毛泽东和毛泽东思想为旗帜的中国共产党和中国革命的优良传统。他以为既要继承毛泽东，就不能否定毛泽东在‘文化大革命’中的重要意见和重要决定。从这种错误立场出发，华国锋在粉碎‘四人帮’之后仍然坚持在‘文化大革命’中鼓吹的‘以阶级斗争为纲’和‘无产阶级专政下继续革命’”。

人民出版社、党建读物出版社2006年出版的全国干部培训教材编审指导委员会组织编写的《中国共产党历史二十八讲》认为：中共十一大“总结了党和人民同‘四人帮’的斗争，宣告了‘文化大革命’的结束，并重申了建设社会主义现代化强国的根本任务。但是，十一大仍然肯定‘文化大革命’的错误理论和实践，因而使亟待开展的拨乱反正工作继续受到阻碍。”

2001 年，为纪念中国共产党成立 80 周年，中共中央党史研究室编写了《中国共产党简史》。这本经中央审定的党史普及读本，在延续过去对十一大“一分为二”的评价外，又从中央领导机构的组成对此后中国社会发展的影响，对十一大进行了评说。《简史》认为：大会总结同江青反革命集团的斗争，宣告历时十年的“文化大革命”已经结束，重申在二十世纪内把我国建设成为社会主义现代化强国的根本任务。但这次大会仍然肯定“文化大革命”的错误理论和实践，因而没有从根本上着手纠正“文化大革命”的错误。十一大虽然没有完成“文化大革命”结束后制定新的路线、方针、政策的任务，邓小平重新当选中央副主席，并经过十一届三中全会，成为党的第二代中央领导集体的核心，对中国后来的发展产生了深远影响。

2002 年辽宁人民出版社出版的中共中央党史研究室第三研究部著的《中国改革开放史》，在序章部分（“文化大革命”结束后的中国）介绍了中共十一大。序章共分四节，分别为：第一节：粉碎“四人帮”，结束“文化大革命”。第二节：“两个凡是”的提出和对这一方针的抵制。第三节：国民经济的复苏和新的冒进的发生。第四节：党和国家正常政治生活的逐步恢复。中共十届三中全会和中共十一大的内容即在第四节中进行阐述。该书认为，十一大取得了一定的积极成果，但也有明显的不足。华国锋在政治报告中宣布，以粉碎“四人帮”为标志，“文化大革命”宣告结束，并指出党在新时期的根本任务，初步总结了揭批“四人帮”的斗争。但大会依然充分肯定“文化大革命”，肯定“以阶级斗争为纲”和“无产阶级专政下继续革命的理论”。在这次大会上是有可能依靠党的集体智慧再纠正一些重大错误的，不少同志对政治报告中一些“左”的观点提出批评，但华国锋没有接受这些意见。大会通过的新党章，没有抛弃“文化大革命”的错误理论。

2011 年 1 月，在即将迎来中国共产党成立 90 周年之际，《中国共产党历史》第二卷（1949—1978）（以下简称《党史二卷》）出版。在编章节目的设计中，中共十一大放在第四编（“在徘徊中前进和实现伟大的历史转折”）第二十九章（“文化大革命”的结束和“左”的指导方针的延续）来阐述。第二十九章分三节，分别是：第一节：揭批“四人帮”运动的开展和“两个凡是”错误方针的提出；第二节：国民经济秩序的恢复和急于求成倾向的出现；第三节：党的第十一次全国代表大会。第三节下设三个目：十届三中全会和邓小平再次复职、党的十一大的召开、国家政治生活秩序的恢复。从框架结构看，《党史二卷》把中共十一大放在“徘徊中前进”和“左”的指导方针的延续这个大的历史背景下来展开描述的，这种结构上的安排，其实即暗含了对此次代表大会的时代特点及历史局限性的评价。和此前的党史基本著作相比，《党史二卷》基本延续此前对十一大的总体评价，认为“在揭批‘四人帮’和动员全国人民进行现代化建设方面起了积极的促进作用，但限于历史条件，大会没能承担起纠正‘文化大革命’的错误，为实现历史转折制定正确的路线方针这一任务。”但对十一大的描述，在篇幅有了较大的拓展。一是增加了对1977年3月中央工作会议、1977年7月中共十届三中全会对提前召开十一大及大会有关准备工的内容。二是充实了十一大政治报告的内容，肯定了大会对“四人帮”宣扬的“老干部是民主派，民主派就是走资派”等谬论的批判，认为“顺应了民心”。三是根据档案材料，增补了一些与会代表对政治报告中某些“左”倾观点提出的批评意见，但在政治报告定稿时，这些意见没有被接受，从而使“文化大革命”的一些错误理论仍然得到延续。四是相应地充实了十一大党章的内容及评价。如把“在本世纪内，党要领导全国各族人民把我国建设成为农业、工业、国防和科学技术现代化的社会主义强国”写进总纲。又如，增写了叶剑英在修改党的章程的报告中强调全党要保持和发扬党的优良传统和作风，特别要恢复党的民主集中制的组织原则并使之不断健全等内容。同时又指出，新党章未能从根本上纠正十大党章中一些“左倾”错误观点，继续肯定了“以阶级斗争为纲”和“无产阶级专政下继续革命”等导致“文化大革命”的错误理论。五是增写了邓小平在十一大的闭幕词，认为这个讲话“为拨乱反正作了又一次有力推动”，“抓住了实现拨乱反正任务的关键。在他的倡导下，一个有利于解放思想、纠正‘左’倾错误的氛围开始在党内外逐步形成”。六是增写了1977年9月9日华国锋在毛主席纪念堂落成典礼上对第十一大路线的概括：高举毛主席的伟大旗帜，坚持党的基本路线，抓纲治国，继续革命，为建设社会主义的现代化强国而奋斗。此外，对写入十一大政治报告中的五届全国人大一次会议和全国政协五届一次会议的召开，党史二卷也用了不少笔墨，反映了十一大之后国家政治生活正常秩序的恢复。这些内容，体现了当时学术研究的新成果。

2015年中共党史出版社出版的《中国共产党的九十年》，以及2021年人民出版社、中共党史出版社出版的《中国共产党简史》，基本延续了《党史二卷》对十一大的评价。

相对于中央《党史二卷》，各省的中国共产党历史第二卷对十一大代表的选举、出席大会情况及对大会精神的贯彻执行等内容，反映得比较薄弱。但对揭批“四人帮”运动、平反冤假错案、落实党的各方面政策等，则写得比较充分，且具有地方特色，为中共十一大史的研究提供了较为丰富的背景资料。当然要看到，地方《党史二卷》对十一大的相关情况写得相对简略，同党史分期有一定的关联。在过去的党史分期中，从1976年10月粉碎“四人帮”到1978年12月党的十一届三中全会召开前的这段时间，被界定为“徘徊中前进的两年”，与“社会主义革命和建设时期”和“改革开放和社会主义建设新时期”并列。由于“徘徊中前进的两年”所带有的过渡性特点，《党史二卷》在框架结构的设计和叙史过程中，往往把这部分内容作为改革开放转折年代的背景来交代，在篇幅上不多作展开，对中共十一大的内容往往只是点到为止，或直接以十一届三中全会作为收尾和开篇。2021年党的十九届六中全会通过的《中共中央关于党的百年奋斗重大成就和历史经验的决议》，明确将党的百年历史分为四个大的阶段：夺取新民主主义革命伟大胜利、完成社会主义革命和推进社会主义建设、进行改革开放和社会主义现代化建设、开创中国特色社会主义新时代。粉碎“四人帮”到十一届三中全会召开前的这两年，被涵盖在第二个历史阶段中。决议提供给研究者的是不仅是现成的结论，更有研究方法、历史分期、框架结构、研究重点等方面的努力方向。相信在未来的时日里，人们对这两年的研究特别是对中共十一大史的研究会有新的进展。

中共十一大史研究的难点，除了史料不足外，还涉及对华国锋的评价问题。2011 年，在华国锋诞辰 90 周年之际，经中共中央批准，中央党史研究室在《人民日报》发表《为党和人民事业奋斗一生》一文。2021 年，中央在北京召开纪念华国锋诞辰 100 周年座谈会，王沪宁发表讲话。在文章和讲话中，中央对华国锋在粉碎“四人帮”后担任中共中央主席、中央军委主席、国务院总理等职务期间的工作予以充分肯定，认为“他先后主持了党的十届三中全会、十一大和十一届三中全会等重要会议。他在老一辈无产阶级革命家的支持下，拨乱反正，恢复党和国家政治生活的正常秩序，动员组织广大干部群众积极投入经济建设等各项工作，揭发批判‘四人帮’的罪行，清查他们的帮派体系，取得了很大成绩。他根据广大干部群众的要求，开始复查、平反冤假错案，逐步为一部分干部落实政策。他提出要千方百计把经济搞上去，使工农业生产得到比较快的恢复和发展。在他的推动下，教育科学文化工作开始走向正常，外交工作取得了新的进展。华国锋同志在领导揭批‘四人帮’和动员全党全国各族人民建设社会主义现代化强国方面作出了很大努力”。这些评价，在《关于建国以来党的若干历史问题的决议》的基础上又前进了一步，有助于研究者更好地把握粉碎“四人帮”到十一届三中全会召开前的这一段历史。

三、个人研究的开展

有的学者从拨乱反正的时代课题来考察党的十一大。1998 年，由中共中央党史研究室组织编写的电视片《光辉历程——从一大到十五大》，以“于无声处”为标题，对中共十一大进行了描述。在接受采访的研究者认为：党的十一大是在从“文化大革命”结束到改革开放和社会主义现代化建设的历史新时期这样一个历史的转折时期召开的。这个历史转折时期给党提出的课题，就是要进行拨乱反正。十一大面临的课题也是要进行拨乱反正，但是，十一大并没有能够完成这个任务，或者说只完成了一半。因为它虽然提出了要结束“文化大革命”，但是又同时坚持了“文化大革命”的错误理论、“文化大革命”的方针和口号，这就是“以阶级斗争为纲”和“无产阶级专政下继续革命”。虽然它提出了实现四个现代化的奋斗目标，但是并没有能够提出为实现这一目标所必需的方针和政策。在十一大期间，虽然有一些同志也提出了一些拨乱反正的意见，但是当时的党中央没有能够采纳这些意见，十一大通过的政治报告也没有能够采纳这些同志的意见。这种情况也说明了，历史转折的曲折和艰难，说明了拨乱反正的艰巨性。

有的学者对十一大没有能够纠正“文化大革命”“左”倾错误的主客观原因作了探讨。王洪模在1989年河南人民出版社出版的《改革开放的历程》一书中，用一个目的篇幅，对中共十一大的历史进行评说，标题为《中共十一大——没有完成拨乱反正的大会》，文中认为，客观原因是当时历史条件的限制。第一，十一大召开时，粉碎“四人帮”仅仅十个月。消除长期“左”倾错误的影响，特别是十年“文化大革命”所造成的政治上思想上的混乱，需要有一个过程。不少同志一时尚难于分清马克思列宁主义和“左”倾错误理论的界限，还不能从根本上看出“文化大革命”的理论、政策和口号的错误所在。第二，过去盛行的个人崇拜和集体主义的精神枷锁，还严重束缚着党内许多人的头脑，人们还不能以实践为检验真理的唯一标准去判明毛泽东发动“文化大革命”的错误，看不出毛泽东晚年的错误，还做不到像后来十一届六中全会那样，根据“文化大革命”十年内乱的实践结果，科学地分析毛泽东发动“文化大革命”的指导思想的错误以及带来的严重后果。第三，一些老革命家和老同志，虽然较早地看出毛泽东发动“文化大革命”的“左”倾错误及其严重后果，但是这些同志当时或者还没有被解放出来，对这种涉及全党大是大非的问题得不到发言的机会；或者虽然解放了，参加了领导工作，可是在当时的条件下，他们的意见对于中央的决策不起主导作用。“文化大革命”带来的党中央领导不健全、政治生活不正常的情况，妨碍党的民主集中制和集体领导原则的贯彻，是十一大没能纠正“文化大革命”错误的一个客观原因。从主观指导来说，主要是由于当时担任党中央主席的华国锋，继续推行“左”倾理论和政策的后果。华国锋出于自己的政治需要，不但不同党和人民一道去进行这种拨乱反正，反而推行并迟迟不改正“两个凡是”的错误方针，阻碍拨乱反正。这就不能不给当时召开的党的十一大带来严重不良影响。华国锋在十一大的会前和会上，都以他的错误指导思想阻碍全党纠正“文化大革命”的“左”倾错误，这同十一大没能纠正“文化大革命”的错误理论、政策和口号，是密切相关的。王洪模的这篇文章写于20世纪80年代末，对十一大的评价有不少中肯之处，但对华国锋的评价又不可避免地带有时代的痕迹。

有的学者从粉碎“四人帮”后的战略部署和实践困境的历史大背景，来分析“徘徊中前进”的含义，考察中共十一大所展现的以“抓纲治国”为核心的政治格局。黄一兵在《徘徊与觉醒——改革开放的酝酿和启动》一书中提出，“徘徊中前进”包括两层含义：一是粉碎“四人帮”后整体形势没有倒退，在局部领域还有所调整和改善；二是思想和实践的禁锢，阻碍了探索适合自己发展道路的办法。这两层含义相互交织，也必然相互“交（汇）冲（突）”。体现粉碎“四人帮”后的战略部署是“抓纲治国”。正是通过党的十一大，一个以“抓纲治国”为核心的政治经济格局被勾画出来，主要集中体现在：第一，确立以“抓纲治国”为统领的建设总目标。第二，明确“抓纲治国”的基本政治条件，突出强调要继续坚持阶级斗争和路线斗争，巩固和发展无产阶级“文化大革命”的胜利成果，在各条战线上全面贯彻无产阶级革命路线的要求。这是一个在政治上完全走老路的认识。第三，形成“抓纲治国”的基本经济建设方针，强调要认真贯彻执行社会主义建设总路线和两条腿走路的方针，把整个国民经济纳入有计划、按比例、高速度发展的社会主义轨道，以农业为基础、工业为主到实现农、轻、重工业和其他经济事业的协调发展，全面“跃进”。这个经济建设方针在主要内容上延续了十大的提法，最大的不同是十一大再次提出了“新跃进”的任务。第四，作出“抓纲治国”的全局性部署，提出了八项任务，贯穿其中的是揭批“四人帮”这个“纲”。作者认为，“抓纲治国”的战略决策是在特定历史条件下形成的，其历史作用和历史局限性非常明显。它是用“无产阶级专政下继续革命”理论观察、认识和总结粉碎“四人帮”后新形势的产物，本质上是对“文化大革命”一系列方针政策的继承和贯彻。“抓纲治国”努力延续和维护“文化大革命”的一系列方针政策，但也正是“抓纲治国”的贯彻执行，孕育了否定“文化大革命”、开拓新局面的基本要素。除此外，该书增补了不少十一大小组讨论情况的史料，丰富了对大会进程的研究。同时又认为，代表们提出的真知灼见没有被接受。这表明，具有浓厚“凡是”思想的中央领导人的确没有能力突破国家和社会发展中长期存在的严重困境①。

有的学者从大会召开的历史诉求、从大会文献的解读、从十一大对恢复与发扬毛泽东思想中的贡献来评价十一大。杨宏雨、周瑞瑞在《中共十一大评议》一文中认为，毛泽东、周恩来、朱德等党和国家领导人的去世，“四人帮”的垮台，导致中共党内巨大的权力真空，中共迫切需要重建中央领导核心；适应“文化大革命”结束后中国发展的需要，让国家的政治生活走上正常化的轨道；承接四个现代化的战略目标，制定以经济发展为中心的战略方针。这是十一大召开的历史诉求。该文认为，十一大是在粉碎“四人帮”、中国进入拨乱反正的新时期召开的一次党的代表大会。大会产生的政治报告、修改党章的报告、新党章和闭幕词都体现了时代的要求，对中国未来的发展产生了积极的影响。十一大正式宣布结束“文化大革命”，实现了党和国家政治生活的正常化；把调动一切积极因素，努力实现四个现代化作为党的工作重点，初步实现了党和国家工作中心的转移；重建了一个有活力、勇于担当、敢于探索的中央领导集体，为中国未来的现代化建设准备了干部基础。十一大虽然没有在理论上否定“文化大革命”，但也没有采用“以阶级斗争为纲”的旧口号，此后在党和国家的

① 黄一兵：《徘徊与觉醒——改革开放的酝酿和启动》，河北出版传媒集团、河北人民出版社 2017 年版，第 84 页。

工作中也没有任何要继续进行阶级斗争、路线斗争的行动部署。从总体上看，是一次结束过去、开辟未来的大会。所谓结束过去，是对“文化大革命”而言；所谓开辟未来，是对改革开放而言。这两件事情它都做了，都有贡献和功绩。尽管它有新旧杂陈、自相矛盾等这样那样的缺陷[①]。杨宏雨、周绪情在《中共十一大在恢复与发扬毛泽东思想中的贡献》一文中认为，大会充分肯定毛泽东的伟大功绩，强调要高举和捍卫毛泽东的旗帜；恢复和发扬毛泽东倡导的群众路线、实事求是等优良传统和作风；强调发扬民主，加强民主集中制，实行集体领导等等。这一切都有助于中国尽快摆脱毛泽东晚年“左”的理论和实践[②]。

杨宏雨、郭子愉的《肯定——否定——辩证：四十年来学界对中共十一大的研究》一文，实际上是一篇对中共十一大的研究综述。该文提出，由于真理和谬误、创新与保守并存于十一大及其通过的相关文献中，致使40多年来，学界对十一大的评述变化很大。大致说来，1977—1980年以肯定、颂扬为主，认为是“一个团结的大会，胜利的大会”。1981—2007年以否定、贬抑为主，认为是“不成功的党代会”，主要代表文章有：刘洪哲《怎样理解不是十一大而是十一届三中全会从根本上扭转了“文化大革命”的“左”倾错误？》、隋云《三中全会前党的三条政治路线》、龚育之《起草党代会报告》等。2008年以后的研究比较辩证、理性，学术研究的色彩浓厚。这一时期，学者们对十一大召开的历史背景、十一大政治报告和党章、十一大的历史贡献进行了比较详细的分析，认为尽管大会有缺陷，但贡献和功绩是主要的。该文提出，今后的十一大研究应该继续遵循辩证、理性的态度，从发掘相关资料、打破惯有思维模式两个方面向前推进，进一步开展十一大党章研究、十一大与改革开放、十一大与十一届三中全会关系、十一大与十二大比较研究、十一大代表研究、十一大中央领导集体

① 杨宏雨、周瑞瑞：《中共十一大评议》，《哈尔滨师范大学社会科学学报》2014年第2期（总第21期）。

② 杨宏雨、周绪情：《中共十一大在恢复与发扬毛泽东思想中的贡献》，《南京中医药大学学报》（社会科学版）2015年6月第16卷第2期。

研究、1976—1978 年中国社会状况研究等[①]。

除了个人研究外，改革开放以来，陆续出版了一些党代会系列丛书或历次党代会史。如北京出版社 1997 年出版的韩泰华主编的《从一大到十五大》，2007 年东方出版中心出版的李君如主编的《中国共产党历次全国代表大会研究》，新华出版社 2012 年出版的《中国共产党代表大会史》，等等。这些党代会通史，往往是借迎接新一届党代会的时机推出，由于篇幅所限，对十一大的研究，更多地以介绍性的阐释面貌出现，对十一大未能纠正“文化大革命”“左”倾错误的原因，多沿用王洪模的观点。2012 年人民出版社出版的黄一兵等编著的《大决策——中国共产党历次全国代表大会探索》，以决策者和亲历者说、党的十一大评述、党的十一届历次中央全会聚焦、会议细节探踪的形式，对中共十一大进行了解读。其中，关于“党的十一大提出恢复设置党的纪律检查委员会，为什么到十一届三中全会才正式成立”的问答，注意到了十一大决策的延续性，颇有新意。专门就十一大著书立说的有万卷出版公司 2008 年出版的李永丰编著的《新旧交织——中国共产党第十一次全国代表大会》，全书约 12 万字，内容包括大会的筹备历程、会议纪实、主要成就、中央政治局新成员简介、文献摘编等 5 部分。该书较为详细地披露了华国锋在中共十一大预备会议的讲话，以及汪东兴所作的关于代表资格的审查报告，有助于研究者更为全面地考察十一大的会议进程。2012 年河北传媒集团、河北人民出版社出版的汤中芳主编的《徘徊前进——中国共产党第十一次全国代表大会》，全书约 20 万字，由大会背景、大会纪实、重要文献、历次全会、热点聚焦、重要决议等 6 部分组成。该书以资料汇编为主，对十一大的评价主要参考了王洪模的观点。

四、关于党代会研究的历史方法论探讨

2006 年，李君如在广州召开的“中共三大学术研讨会”上作了题为

① 杨宏雨、郭子愉：《肯定——否定——辩证：四十年来学界对中共十一大的研究》，《哈尔滨师范大学社会科学学报》2020 年第 4 期（总第 59 期）。

“党代会研究是党史研究的重要任务”的发言。他认为，党代会研究大有可为、大有价值、大有前途，归根到底，是由党代会的性质和地位所决定的。通过党代会研究可以深化对党的决策背景和决策内涵、决策影响的研究；可以了解党内在决策过程中发生的重大政策争论的内容、实质及其影响，深化对党的重大历史事件的研究；可以探讨党的建设的进程、党内矛盾处理的做法和经验、党的领导体制的特点及其不足等等，从而深化党的建设史和整个党史的研究。党的许多重大历史事件、重大进展往往都发生在党代会上，党代会往往成为党的历史长河中一个个急流翻腾的高潮，成为党的历史画卷中的一个个夺目的亮点。他认为，党史中的党代会研究，至少包括六个方面的内容：一是背景研究，即党代会召开时面临的国内外形势和党内状况及其面临的问题研究；二是文献研究，即党代会通过的决定或决议的收集和研究；三是过程研究，即党代会的议程、开法及其特点研究；四是事件研究，即党代会发生的重大事件，包括重大决策和重大争论及其来龙去脉研究；五是人物研究，既包括党代会会议议程人物研究，也包括党代会上发生的重大事件相关人物的研究；六是影响研究或意义研究，包括比较研究。李君如还提出，研究党代会的影响和意义，必须研究党中央全委会、政治局会议、政治局常委会的决策及其采取的措施，看一看党代会的决策哪一些落实了，哪一些改变了，又为什么要改变及其改变的合法性，哪些没有落实以及没有落实的原因。通过这样系统的研究，一定能深化党史研究，也能够在研究中对党的建设和党的事业发展提出可资参考的重要意见①。

2006年，李忠杰在《加强对党代会历史的研究》一文提出：“每次党代会，都是在特定的历史条件下召开的，都要总结和审查过去特定阶段内的工作研究和分析当前时期的形势、任务，解决面临的一系列重大问题或重大任务，制定今后一段时期赖以遵循的纲领路线和方针政策。同时，还要选举产生新的中央领导机构。每次党代会都反映着在这个时期内党的认

① 参见李君如主编:《中国共产党历次全国代表大会研究》，东方出版中心2007年版，第390—395页。

识水平、价值取向和基本意志，也反映着党按照民主集中制原则作出的一系列重大抉择。因此都是党的一定时期内政治状况、政治意志的集中体现。”“至于党代会如何召开，也反映出党的建设和发展水平，尤其是反映党内民主的历史进程。”“党代会是党的历史的一个个重大的节点、一个个关键的环节、一个个集中的标志、一个个准确的缩影。党代会的历史构成党的整个历史的主干脉络。对党代会的研究当然不能取代对党的整个历史的研究。因为在党代会之外还有无数丰富多彩的活动、画面、历史事件和历史人物，有的也对整个历史产生了重大而深远的影响，不能有丝毫的忽略。但基于党代会的重要地位，我们完全可以说，如果没有党代会的党史，党的历史也必然成为一部没有骨架、没有灵魂的历史。正因为如此，我们党历来重视对党代会的研究。在各种比较完整的党史著作中，对党代会的介绍和叙述都是重头的内容。但尽管如此我们对党代会的研究还是不够的。除了对党代会本身的内容、议题、进程等研究得还有不够外，对会议的方式、出席人员的活动，以及其他一些历史细节等等，也多有不甚了了之处。基于这种状况，加强对党代会的研究，应该成为我们党史研究的一项重要任务。”①

上述这些观点，颇有见地，具有启发性，对党代会的研究提供了方法指导。对中共十一大的研究，也同样适用。

总体而言，近年来对中共十一大的研究比过去有了一定的进展，但不少著述仍限于对会议文本的阐释，对十一大前后历史进程的丰富性、曲折性研究不够，对大会代表的整体性研究欠缺，史料的挖掘亟待加强。除此外，如何用马克思主义的立场观点方法，坚持党性原则和科学精神的统一，与时俱进，从更宏阔的视野，站在时代高度，把中共十一大放在当时的历史条件下，放在中国共产党百年奋斗征程和实现民族复兴的历史长河中去全面、客观地考察，得出更深入更丰富的结论，仍有待研究者的不懈努力。

---

① 参见李忠杰:《加强对党代会历史的研究》,《中共党史研究》2006 年第 5 期。

附录：中共十一大的筹备和大会日志

1977 年

3 月 10 日—22 日　中共中央在北京召开工作会议，160 余人出席。会议总结粉碎“四人帮”以来的工作，部署当年的工作任务。会议通过国家计委《关于 1977 年国民经济计划几个问题的汇报提纲》和《1977 年国民经济计划指标》，决定在 1977 年下半年适当的时间，提前召开中国共产党第十一次全国代表大会。中央工作会议期间，共召开 5 次全体会议，印发 14 个文件，下发简报 120 期。

3 月 21 日　中共中央发出《关于召开党的第十一次全国代表大会的决定》，对大会代表的产生作了规定和说明。

3 月 29 日　晚上，中共中央政治局召开会议，讨论中共十届三中全会、中共十一大和全国工业学大庆会议的准备工作。

5 月 20 日　晚上，中共中央政治局召开会议，讨论中共十一大组织工作的准备情况。

5 月 24 日　晚上，中共中央政治局召开会议，讨论中共十一大代表问题。

6 月 26 日　晚上，中共中央政治局召开会议，讨论中共北京市委领导班子问题和揭批“四人帮”运动情况，讨论中共十届三中全会出席人员名单。

6 月 30 日　晚上，中共中央政治局召开会议，讨论中共十一大党章修改问题。

7月11日　晚上，中共中央政治局召开会议，讨论中共十一大政治报告稿的修改。

7月17日　晚上，中共十届三中全会召开。华国锋主持会议，叶剑英、邓小平、李先念、汪东兴等出席。会议一致通过《关于追认华国锋同志任中国共产党中央委员会主席、中国共产党中央军事委员会主席的决议》《关于恢复邓小平同志职务的决议》《关于王洪文、张春桥、江青、姚文元反党集团的决议》。

7月21日　中共十届三中全会闭幕。叶剑英、邓小平先后发表讲话。会议通过《关于召开党的第十一次全国代表大会的决议》《中国共产党第十届中央委员会第三次全体会议公报》。

7月23日　《人民日报》刊发《中国共产党第十届中央委员会第三次全体会议公报》。《人民日报》、《红旗》杂志、《解放军报》发表题为《历史性的会议》，庆祝中共十届三中全会胜利闭幕。

7月25日　中共中央发出通知。通知称：各省、市、自治区党委，各大军区党委，中央和国家机关各部委党委、领导小组或党的核心小组，军委各总部、各军兵种党委：根据十届三中全会的决定，现将中国共产党章程修改草案发给你们，请你们在本地区、本部门召集党内从领导到基层有代表性人员参加的座谈会，征求意见，并请于8月10日以前将修改意见汇报中央。

8月3日　下午，邓小平同胡乔木、于光远、邓力群谈话，商议为他起草在十一大的讲话稿、撰写一篇关于三个世界的文章等问题。邓小平提出，十一大的讲话稿不要太长，重点是讲民主集中制与作风。

8月9日　下午，华国锋、叶剑英、邓小平、李先念、汪东兴在人民大会堂福建厅开会，研究十一大主席团名单。晚8时，中共中央政治局会议讨论十一大主席团名单，讨论修改党章报告和党章修改草案。

8月11日　上午，酝酿成立中国共产党第十一次全国代表大会主席团主席、副主席、秘书长和主席团成员名单。

同日　下午4时，中共十一大举行预备会议，华国锋主持并讲话，汪东兴代表中央政治局作关于中国共产党第十一次全国代表大会代表资格的审查报告。会议选举223名代表组成十一大主席团，华国锋当选为主席团主席，叶剑英、邓小平、李先念、汪东兴当选为主席团副主席，汪东兴兼主席团秘书长。预备会议一致通过十届三中全会提出的这次大会的三项议程:（一）中央委员会的政治报告;（二）修改中国共产党章程和关于修改党的章程的报告;（三）选举中央委员会。会议一致通过汪东兴所作的关于中共十一大代表资格的审查报告，确定出席中共十一大的代表名额为1510名。

同日　下午5时，中共十一大主席团举行第一次会议。会议由华国锋主持，叶剑英、邓小平、李先念、汪东兴出席。主席团成员到会221人。

8月12日　上午，全体代表阅读文件。

同日　下午，中国共产党第十一次全国代表大会正式开幕，叶剑英任大会执行主席。华国锋代表中央委员会向大会作政治报告。

8月13日　上午，各代表团讨论政治报告。

同日　下午，中共十一大举行第二次全体会议，华国锋任大会执行主席。叶剑英代表中央委员会作关于修改党的章程的报告。

8月14日　大会分组讨论政治报告。

同日　下午3时半，华国锋、叶剑英、邓小平、李先念、汪东兴在人民大会堂福建厅开会，研究中共第十一届中央委员、候补中央委员候选人名单。

8月15日　上午，大会分组讨论政治报告。下午，讨论叶剑英关于修改党的章程的报告和中国共产党章程修改草案。

同日　晚上，中共十一大主席团举行第二次会议，讨论中共第十一届中央委员和候补中央委员候选人名单建议。

8月16日　上午和下午，大会分组讨论叶剑英的报告和党章修改草案。晚上，中共十一大主席团举行第三次会议，布置并讨论选举问题，通过第十一届中央委员、候补中央委员候选名单，共333人。

8月17日　上午和下午，酝酿十一届中央委员和候补中央委员候选人名单。晚上，召开代表团团长会议，汇报酝酿候选人名单情况。

8月18日　上午，各组阅读文件。

同日　下午3时，中共十一大举行第三次全体会议。邓小平任大会执行主席，宣布选举程序和办法。会议通过华国锋所作的政治报告，通过中共十一大关于政治报告的决议和关于修改党的章程的报告，通过中国共产党章程。会议选举产生中共十一届一中委员会，中央委员210人，候补中央委员132人。

同日　邓小平致闭幕词。

8月19日　中共十一届一中全会召开。全会选举华国锋为中央委员会主席，叶剑英、邓小平、李先念、汪东兴为副主席；华国锋、叶剑英、邓小平、李先念、汪东兴为中央政治局常务委员会委员；华国锋、韦国清、乌兰夫、方毅、邓小平、叶剑英、刘伯承、许世友、纪登奎、苏振华、李先念、李德生、吴德、余秋里、汪东兴、张廷发、陈永贵、陈锡联、耿飚、聂荣臻、倪志福、徐向前、彭冲为中央政治局委员；陈慕华、赵紫阳、赛福鼎中央政治局候补委员。全会通过中共中央军委名单，华国锋为主席，叶剑英、邓小平、刘伯承、徐向前、聂荣臻为副主席。

同日　大会发布《中国共产党第十一届中央委员会第一次全体会议新闻公报》。

8月20日　下午3时，华国锋、叶剑英、邓小平、李先念、汪东兴等接见出席中共十一大全体代表。